BIBLE WORD SEARCH

Workbook

Bible Word Search Workbook

All rights reserved. By purchasing this Workbook, the buyer is permitted to copy the worksheets for personal and classroom use only, but not for commercial resale. With the exception of the above, this Workbook may not be reproduced in whole or in part in any manner without written permission of the publisher.

Bible Pathway Adventures® is a trademark of BPA Publishing Ltd.
Defenders of the Faith® is a trademark of BPA Publishing Ltd.

ISBN: 978-1-98-858559-8

Author: Pip Reid
Creative Director: Curtis Reid

For more Bible resources, including workbooks and printables, visit our website at:

www.biblepathwayadventures.com

◇◊ Introduction ◊◇

Test your Bible knowledge with our Bible Word Search Workbook! Packed with a mix of 100 fun and engaging word search puzzles to help you learn about the people, places, and events of the Bible. Includes detailed scripture references for further Bible reading and a handy answer key for educators. The perfect discipleship resource for Bible study groups, Homeschoolers, Sabbath and Sunday School teachers, and families.

Bible Pathway Adventures® helps educators teach children a Biblical faith in a fun and creative way. We do this via our workbooks and printable activities – available on our website: www.biblepathwayadventures.com

Thank you for buying this workbook and supporting our ministry. Every book purchased helps us continue our work providing Classroom Packs and discipleship resources to families and missions around the world.

The search for Truth is more fun than Tradition!

Table of Contents

Introduction 3	Rahab and the spies 30
A trip back in time 6	Battle of Jericho 31
The Creation 7	Gideon's army 32
Adam & Eve 8	Samson in the temple 33
Cain & Abel 9	Ruth & Naomi 34
Noah's ark 10	God calls Samuel 35
Tower of Babel 11	Saul anointed king 36
Abraham's journeys 12	Woman at Endor 37
Abraham & Isaac 13	David & Goliath 38
Jacob's family 14	David & Jonathan 39
Joseph's dreams 15	Elijah and the prophets of Baal 40
Joseph in Egypt 16	Naboth's vineyard 41
The silver cup 17	Elisha & Naaman 42
Baby Moses 18	Solomon's wisdom 43
The burning bush 19	Solomon builds the temple 44
Ten plagues of Egypt 20	Queen of Sheba 45
Feast of Unleavened Bread 21	The prophet Isaiah 46
Red Sea crossing 22	Josiah and the Torah 47
The ten commandments 23	The fiery furnace 48
The Appointed Times 24	Daniel and the lions 49
The tabernacle 25	The story of Job 50
Ark of the covenant 26	The chosen bride 51
Twelve spies in Canaan 27	Jonah and the big fish 52
Balaam's donkey 28	Rebuilding of Jerusalem 53
The promised land 29	Birth of John the Baptist 54

An angel visits Mary	55
Birth of the Messiah	56
Visit of the Magi	57
King Herod	58
Escape to Egypt	59
Presentation in the temple	60
The twelve disciples	61
Wedding feast at Cana	62
Tempted in the wilderness	63
Sermon on the mount	64
Calming the storm	65
Feeding the 5000	66
Jairus' daughter	67
Zacchaeus the tax collector	68
Parable of the wise & foolish virgins	69
Parable of the talents	70
Parable of the good Samaritan	71
Parable of the prodigal son	72
Parable of the sower	73
The centurion's servant	74
Death of John the Baptist	75
The transfiguration	76
Mary & Martha	77
Lazarus and the rich man	78
Woman at the well	79
Triumphal entry	80
Cleansing of the temple	81
Judas betrays the Messiah	82
The last supper	83
Yeshua before Pilate	84
Death on the stake	85
The resurrection	86
Road to Emmaus	87
The ascension	88
Philip and the Ethiopian	89
Death of Stephen	90
Road to Damascus	91
Paul in Corinth	92
Paul in Ephesus	93
Priscilla & Aquila	94
Paul before King Agrippa	95
Paul's shipwreck	96
Life of Peter	97
Peter's prison escape	98
Fruit of the Spirit	99
Peter & Cornelius	100
Peter the healer	101
Animals of the Bible	102
Day of Trumpets	103
Feast of Tabernacles	104
Book of Revelation	105
The temple	106
Answer Key	107
Discover more Workbooks!	119

Take a trip back in time

Our vision is to provide culturally, historically, and biblically sound materials to help you teach your children a Biblical faith. When we read the Bible in the context of the ancient Hebrew culture, it comes alive and unlocks the beauty and depth of the Scriptures.

Why do we sometimes use Hebrew names like Yeshua? Or include the Biblical Feasts like the Feast of Unleavened Bread and Shavu'ot (Pentecost)? Because understanding these Hebrew names and festivals helps us unlock the richness of the Biblical account – a richness and understanding that can get lost when only seen from a modern Western perspective.

For example, Matthew 26:34 says… "Before the rooster crows, you will deny me three times." In its cultural and historical context, this was not actually a rooster crowing but the Temple Crier, a priest who announced the morning Temple services and sacrifices at the time of Yeshua. Did you know the modern English name of 'Jesus' has only been used for 500 years? This means Mary and the disciples would have called the Messiah by His actual Hebrew name, Yeshua or Yehoshua, which means, 'God saves,' or 'God is my salvation.'

So…let's take a trip back in time and enjoy the richness of the Bible!

The CREATION

Read Genesis 1. Find and circle the words below.

```
D D I O S N Z F A V C H M S B
R S A T N E E Z W P D E V A E
M V K Y B K V R E J A A N B I
Z B H A F B X E P A S V K B I
O S V D S N J Y N H F E H A H
J C P I Q H G R L D U N F T B
U Q U I J S A E N R A S O H L
B E B W R V W S S D M Y T S E
R W L B C I K T N I T L S E S
C N W O G O T J L J O A E A S
E G N Y H N I G H T T B A S E
N G H S K I K K N S V V S O D
X U M W J N M G R S Q D W N Y
I H Z I A W J G M Z W W R S P
E A R T H M J N C T E F L B H
```

SEAS

SPIRIT

EARTH

BLESSED

NIGHT

DAY

SABBATH

SEASONS

ELOHIM

HEAVENS

REST

SEVEN DAYS

ADAM & EVE

Read Genesis 3. Find and circle the words below.

```
V F I G L E A V E S Q R L O B
I S A A M T Q K N E A U G E E
V E C R L L I J Q R B A Y A V
B R Z D B T Y B O W T D F F E
E P J E Q I D W Y U P A H L B
J E E N W P F O V C Q M T E Y
N N D O C M R Z A E O X F S K
P T B F W I F E U Y O O V H H
W X G E L A H U S B A N D I O
G E S D X R I H I E D W Z F Q
J J U E L D M M J I F R A C D
V M C N S B P D V I L L I W U
K C H E R U B I M W Z H V B S
P A Y P N N Z B S Y J I I G T
N A K E D S V N N X V Q V A H
```

SERPENT

WIFE

CHERUBIM

HUSBAND

FIG LEAVES

ADAM

NAKED

FLESH

RIB

GARDEN OF EDEN

EVE

DUST

CAIN & ABEL

Read Genesis 4. Find and circle the words below.

```
F J P N I J V H M Z H L S H G
I Z J Y W G W S S Q K L H O B
R B D A J Z E A R V E U E F Y
S R T C I C Q A E P I F E F A
T O H X T G B R S L Y M P E H
B T K T E E P R P F Z H Z R W
O H V V P N Q I E N B E V I E
R E Z V Q I O X C D J O L N H
N R R W M G G C T J X C L G P
H S I X I Q G E H A Q N J S H
H X N A B E L J T X C K D T P
P U N I S H M E N T A H D J
K D R G U T R I C V Z R I T N
L P B G R O U N D O J D O N V
O S T T K B R S F A R M E R N
```

FIRSTBORN

FARMER

BROTHERS

SHEEP

GROUND

PUNISHMENT

ENOCH

YAHWEH

OFFERING

ABEL

RESPECT

CAIN

Noah's ARK

Read Genesis 6:1-8:22. Find and circle the words below.

```
N I B R A R L Z V Z A Y I Q X
C W X O A P A F S K A U W A U
W L P S L L T I Q J G J U N T
G T E Z W I T P N T O Q G O B
V I J A Y H V A R B O A A A P
O A J G N F Q E R Z O Z Q H D
F L O O D A H D L Z L W Z I W
K G W F P A N C U E X G W S Z
D U Q E D D A I I H A B A M G
T S W I N D O W M U H F T G P
K W N O N A R L P A C Y E Y I
G X P U V C I J G K L T R D T
C D R C O V E N A N T S O O C
O Y X S A Y X W B P M Q A Y H
U N C L E A N A N I M A L S I
```

WINDOW

ANIMALS

RAINBOW

FLOOD

ALTAR

PITCH

NOAH

COVENANT

WATER

UNCLEAN ANIMALS

OLIVE LEAF

CLEAN ANIMALS

Tower of BABEL

Read Genesis 11:1-9. Find and circle the words below.

```
B T O W E R K J Q Q K I P K Q
A D T M C C U U F X G L E D B
B U N B Y O R I P U L X O S I
E O V H S B N J X I T P P A T
L J I W J H Y F Z R P D L K U
J R Y J T K N B U U H Y E A M
L A N G U A G E B S C Z R O E
T K S H X J A D I R I V O M N
L M H V X K T K L J I O M O S
A T I Z S Q Y E C C L C N R A
U C N H K F L P H Y B V K T E
H E A V E N S K E A R T H A J
J N R T R W Y G N W S L F R T
Y K T A Y Z Q O N J J L S U P
P U P S C A T T E R E D M Q V
```

CONFUSION

LANGUAGE

EARTH

BITUMEN

SHINAR

MORTAR

PEOPLE

BRICK

SCATTERED

TOWER

BABEL

HEAVENS

Abraham's JOURNEYS

Read Genesis 12:1-20, 14:1-15:20, 17:1-27, and 21:1-34.
Find and circle the words below.

```
O Q K Q W A S R H P T H P Z K
S Z L V A D B T S I Q M P E J
N A O A W H J R E M R B U G A
B N R U N J I A A R V V R H W
O K P A L D M B N H A I G I M
G L I H H S O B C A A H W P I
K X T C J I U F I G X M G D S
Y P S K T S K B C R P B N M H
Y N X Y G A Q D U A X S S V M
H X R B F A D S O P N C N N A
F G Y F K C O H F A A A Z G E
G O A K S O F M A M R E A O L
P Z P W N J Q L J H A R A N Y
C K L A N D O F E G Y P T M I
S K N A T I O N S L O T O N U
```

TERAH

ABRAHAM

ISHMAEL

LOT

SARAH

NATIONS

UR

HARAN

ISAAC

LAND OF CANAAN

LAND OF EGYPT

OAKS OF MAMRE

www.biblepathwayadventures.com
Bible Word Search Workbook

12

© BPA Publishing Ltd 2020

ABRAHAM & ISAAC

Read Genesis 18-22. Find and circle the words below.

C	M	I	I	G	O	O	V	S	S	P	Q	H	W
S	D	O	S	D	W	G	Z	O	P	G	L	F	D	O
R	F	S	R	A	D	I	V	L	E	A	W	Y	O	O
V	E	R	S	I	A	E	H	U	X	B	X	C	N	D
W	N	B	A	W	A	C	H	T	F	R	G	P	K	T
O	L	O	M	I	K	H	N	E	M	A	J	P	E	S
H	U	T	I	V	Z	P	H	M	Z	H	M	F	Y	W
W	B	E	E	R	S	H	E	B	A	A	C	C	Y	H
L	D	I	Y	C	A	L	T	A	R	M	O	G	W	E
Y	X	K	T	M	D	H	A	N	G	E	L	E	J	C
D	M	N	V	E	E	I	G	T	S	C	H	C	R	M
A	D	S	N	K	T	X	O	V	V	Z	E	E	Q	R
Z	I	O	G	L	M	U	V	K	G	S	A	T	Z	S
Q	J	N	F	E	A	S	T	X	R	A	M	K	Z	B
T	O	F	F	E	R	I	N	G	H	G	M	W	Y	Y

WOOD
OFFERING
FEAST
BEERSHEBA
ABRAHAM
ALTAR
RAM
DONKEY
MORIAH
ISAAC
ANGEL
SON

Jacob's FAMILY

Read Genesis 25:1-37:36. Find and circle the words below.

```
L T M L Y F F E J A C O B R U
E G W Y A N O Y L R D T M E G
A R J E Q N L T L V A E C B Y
H X J R L M D A N E E S W E Q
V Q D W Y V W O B X D A E K H
E C B A H G E D F A C U U A B
I P K G H H B T W E N M N H F
G K A U B Q F N R F G B Q Q U
L N P F L O C K S I O Y X H C
G M N W N C Y I L J B Q P D A
Q I S Q U P X N B H V E U T N
Z K O B E T H E L F U V S R A
Z O X S Z T K T D K G J H W A
X R G V G I S R A E L K W Y N
S E V E N Y E A R S B P L O C
```

REBEKAH
LABAN
CANAAN
ISRAEL
LEAH
ESAU
BETHEL
TWELVE TRIBES
JACOB
FLOCKS
LAND OF EGYPT
SEVEN YEARS

Joseph's DREAMS

Read Genesis 37:1-36, 39:1-32, and 40:1-42:57.
Find and circle the words below.

```
Q V W E J A C O B E V E X Z U
R C D D W I B U C E Q E V L A
B H L G R K O O C V U E F P M
R M H E V E P U W U S N A E O
O P G E F W A K X D G V W H O
T S V H S U I M R S O Y X P N
H E U V T Z A C S V D W G X X
E Y W N I X S M S O W K N X J
R R Z K W M D G Q Y E C A B O
S E B S T A R S T M U L N R S
V C J B V U F Q L W M H Q D E
K V H V C G R H O K Y J T M P
S N Q S T A C R E I G N S P H
R A U P R I G H T U P H K E N
S H E A V E S O F W H E A T H
```

UPRIGHT

JACOB

BROTHERS

STARS

MOON

SUN

JOSEPH

DREAMS

SHEAVES OF WHEAT

BOW DOWN

ENVY

REIGN

Joseph in EGYPT

Read Genesis 39:1-44:34. Find and circle the words below.

```
X Y P H A P B A E Y E H G G E
H B V V B C R G P M X A I O V
E W G O T D O A H O R X L V M
V P J E C L T H R Q E B A E G
A J R A Z S H W A G P I N R R
U J Y I I V E R I P P K D N A
F I R O S L R H M O P K O O I
S W M A W O S G O V H J F R N
Q D W N U S N T C H A R E J C
O X Z G Q H U P W B R W G O N
S T O R E H O U S E A B Y S H
C Y L R Z X X O M R O V P E U
I C H A R I O T T A H W T P O
A S E N A T H H E X T E X H N
M A N A S S E H V T J S B C D
```

ASENATH

GOVERNOR

BROTHERS

LAND OF EGYPT

PHARAOH

GRAIN

MANASSEH

STOREHOUSE

PRISON

JOSEPH

EPHRAIM

CHARIOT

The silver CUP

Read Genesis 44:1-34. Find and circle the words below.

```
S M O N E Y M H Q R P S Y I Z
P I I Q Y B X V Y H M T W T G
K X L D D R R M E W E E X L V
C F C V K O E O H H Q W J F R
B W B R E M N K T T N A V R F
D K F X X R U K E H W R W M Z
M V Y Z I A C Q E E E D N K
H L R X Q W M U T Y M R T H W
Q S J Q D W M C P V S Z S J Y
M O R N I N G P C L J B E O A
F R D V P B E N J A M I N S C
H Z A L U X G F A J V S R E W
E R C L O T H E S R C V Z P E
B D W C C O M C I T Y J R H L
S A C K Q O E J U D A H I V Q
```

MORNING

BENJAMIN

SILVER CUP

BROTHERS

CITY

JOSEPH

STEWARD

MONEY

CLOTHES

SACK

JUDAH

DONKEYS

Baby MOSES

Read Exodus 1-2. Find and circle the words below.

```
D A U G H T E R S R D K Y L Z
H E R I V E R B A N K Q F A U
A E V I C R M V V I Q L W N T
W M P H A R A O H T N O Y D R
D C O O Y C N R Q Z R W U O I
B L A T J W T X U F H B Q F B
T P V L H U U I Q A F T S E E
K U U L T E Z F I Q Q U P G O
M L A D U L R B X T F N A Y F
S Z Q Y V M O S E S K S P P L
V L R O W H K U D O T T Y T E
J T Y Q M I D W I V E S R B V
M I R I A M V V P D O U U E I
P Q H P M P L E T Y G F S M L
B A S K E T P I T C H H Q P O
```

MOSES
MIRIAM
RIVERBANK
MIDWIVES
PAPYRUS
LAND OF EGYPT
PHARAOH
BASKET
PITCH
MOTHER
DAUGHTER
TRIBE OF LEVI

The burning BUSH

Read Exodus 3:1-4:17. Find and circle the words below.

```
E Y F X P S M H Q X S B L L I
T Y A L D F A Z A L F K L M S
K M V H O F O N P R V Z E K D
S N K B W C F Q D R G G P F O
C H S I I E K S V A I M R R H
L P X B A X H S T T L T O W O
X M O U N T H O R E B S U O L
I F B O L V K R L P Y H S H Y
E I Q U S I Y L R H P P A E M
N R X Q N I K N X N C O U B S
S P L K A Y N E O J O U S R N
M I T B Y S T A F F X U K E A
E M T S E C F B I J F W Y W K
K L A N D O F M I D I A N S E
J X Z B U R N I N G B U S H I
```

SNAKE

HOLY

FLOCKS

BURNING BUSH

YAHWEH

LEPROUS

HEBREWS

SINAI

LAND OF MIDIAN

SANDALS

STAFF

MOUNT HOREB

Ten plagues of EGYPT

Read Exodus 7:14-13:16. Find and circle the words below.

```
N C W E N M P X I F D Y K K X
Y J A N L Q L H O I H N W L L
G D U T X N Z K A E H N L I O
Z G A N T O N B V R D J N O C
E R F R U L K L Y Y A Q F L U
R L L V K J E O R H S O B J S
X T D B E N R O V A H I H M T
J Q E K C D E D J I F E U D S
H L N L L E F S H L Y Q B K F
U B H S O A R B S N Z J T G L
P X Q Z U T I E Z G X J C I I
E O V P W H O S Y E Y Z R E E
C F L A N D O F G O S H E N S
V G I W K B R M C X L I C E G
F R O G S A B O I L S R W D P
```

DEATH

LICE

BLOOD

BOILS

LOCUSTS

DARKNESS

FIERY HAIL

PHARAOH

FLIES

FROGS

CATTLE

LAND OF GOSHEN

Feast of Unleavened BREAD

Read Exodus 13 and Leviticus 23. Find and circle the words below.

```
A C O N G R E G A T I O N Z U
S P L L B X V J K I G F F G N
I E P A D T V W Y Y Y W O K E L
X Z V O N I W W G N Q R W N E
B K K E I D I P J D A E X E A
V Y Z P N N O K Z I Z V H R V
V Q T H D D T F Z G H E D A E
I M D T E M A E E H S R L T N
R I Z Z L B Z Y D G H S C I E
S D K Q R L R L S T Y N K O D
S T A T U T E E Y Y I P M N B
K Y S E G F Q Z W K R M T S R
D H O U S E O F I S R A E L E
L E A V E N Q Y L C F D U V A
P A S S O V E R M E A L X V D
```

- GENERATIONS
- HOUSE OF ISRAEL
- FOREVER
- LEAVEN
- CONGREGATION
- LAND OF EGYPT
- UNLEAVENED BREAD
- HEBREWS
- STATUTE
- PASSOVER MEAL
- SEVEN DAYS
- APPOINTED TIME

Red Sea Crossing

Read Exodus 14. Find and circle the words below.

```
I G J O B F L W V D T V P N A
Z S I Q D H G Q J R S R I R P
C W R H Q G H O C Y M Z L C H
H A M A D M U E J G B T L L A
A T A U E D F A F R N E A B R
R E Y I Z L L V F O I N R Z A
I R W S M F I U W U D D O E O
O A Q T Z L O T F N V I F P H
T H E A Z L Z V E D C S C M P
S R V F M E G S G S Q B L O I
F F X F L E A A B O R U O S O
N I G T Q P R Z A R M Y U E K
T B C L O U D K P E Z R D S F
I Q P I L L A R O F F I R E P
S J I R A N I M A L S T L O H
```

STAFF
CLOUD
MOSES
WATER
ANIMALS
DRY GROUND
PILLAR OF FIRE
ARMY
PHARAOH
CHARIOTS
ISRAELITES
PILLAR OF CLOUD

The ten COMMANDMENTS

Read Exodus 20. Find and circle the words below.

```
H T U F K K O A U C E O K W L
O R K R H J R B G O W I T L S
U N O I D O L S C M Z Y D I H
S F Z U Y S D U M M X I O G O
E H Z X T R N O G A E T N H F
O P Y Z E J P F P N R H O T A
F E A A G V P V I D I U T E R
I T A B H E J Y M M A N S N W
S B R U A W Z C C E G D T I E
R F C J U W E H Y N E E E N Z
A S A B B A T H N T I R A G W
E E S L J T T G O S A A L J R
L Y H H O N O R A S X B C V L
C P O K D A C O V E N A N T H
X X M O U N T S I N A I B S N
```

- NO IDOLS
- HOUSE OF ISRAEL
- MOUNT SINAI
- LIGHTENING
- COMMANDMENTS
- HONOR
- YAHWEH
- SABBATH
- DO NOT STEAL
- COVENANT
- THUNDER
- SHOFAR

The Appointed TIMES

Read Leviticus 23 and Deuteronomy 16.
Find and circle the words below.

```
X T P S H A V U O T O R T U D
K A H B G N W G I K Z S Y N A
N B N E V B H L R D G U O L Y
B E H X S C E M W K B K M E O
V R Q P Q A U J I L J K K A F
J N D M C H B B E W E O I V A
E A Y C C B S B J C E T P E T
V C V E Y W P Y A B J U P N O
Y L G T A B Y Z A T R K U E N
G E U D X L H V A A H T R D E
I S F I R S T F R U I T S B M
N F Q D S E T A P A R T W R E
U Q K P E N T E C O S T X E N
D A Y O F T R U M P E T S A T
R P N K P A S S O V E R M D G
```

PASSOVER

DAY OF TRUMPETS

SET APART

YOM KIPPUR

FIRST FRUITS

TABERNACLES

SUKKOT

UNLEAVENED BREAD

DAY OF ATONEMENT

THE SABBATH

PENTECOST

SHAVUOT

The TABERNACLE

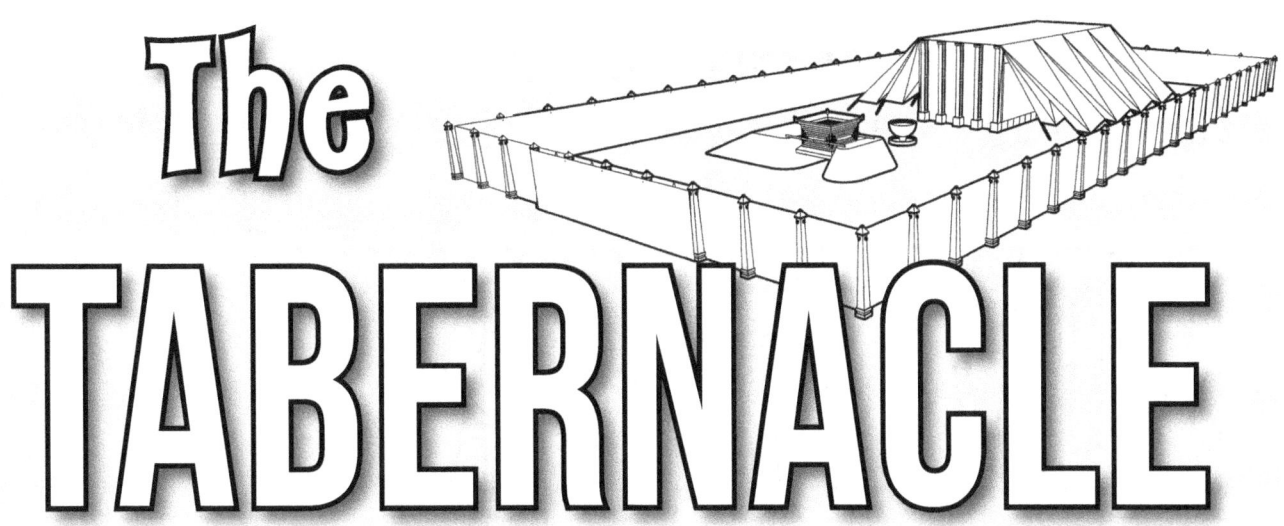

Read Exodus 26:1-31:18. Find and circle the words below.

```
B Q O B U N Q O H B B S J J D
S B R M S E Y P G R R H D T Y
H Q U H T V B I C L O O X E R
Z O L R I Z S X S N N W G N F
U P L W N G V U H G Z B L T E
R E Y Y M T H U S I E R H O A
O S K R O E O P D N L E G F P
L F P Q U F R F R Y A A B M R
U V V Z G E H C F I V D F E I
L E V I T E S O Y E E E O E E
Y L U N K O D Q L S R S C T S
N B U A V V T X Q I E I T I T
M E N O R A H H K I E A N N S
A M X F A Y T A R K A S T G S
A L T A R O F I N C E N S E E
```

HOLY OF HOLIES

SHOWBREAD

HIGH PRIEST

MENORAH

MERCY SEAT

TENT OF MEETING

LEVITES

PRIESTS

ARK

BRONZE LAVER

ALTAR OF INCENSE

BURNT OFFERING

Ark of the Covenant

Read Exodus 25, 37, Joshua 6: 4-16, and 1 Samuel 6.
Find and circle the words below.

```
T G F G J X H N L A U A K O O
E F I B X S A G E Q W R B B Y
N S V S J Y Q Z V T N K Z R A
C H T J R D C Y I P W O O I X
O F P O C A K Z T Q F F F N A
M D N X N F E B E W N G F G C
M B S U A E J L S M E O E S A
A S B P F V T O I F J D R O C
N P L X K W H A L T K L I F I
D B A D J Y F R B W E W N G A
M C H E R U B I M L K S G O I
E K X I F F Q C S R E J S L U
N J A R O F M A N N A T D D W
T M E R C Y S E A T R H S W I
S U Z O I Y K S T A F F Y O D
```

CHERUBIM

MERCY SEAT

TEN COMMANDMENTS

RINGS OF GOLD

STONE TABLETS

ACACIA

ISRAELITES

OFFERINGS

LEVITES

ARK OF GOD

JAR OF MANNA

STAFF

Twelve spies in CANAAN

Read Numbers 13:1-14:45. Find and circle the words below.

```
M V O I N C K O U U B M Y I U
B L C H P E A O I G I I S L S
D B A T A R P L M G Z K P F L
G N Z N I C N H E A X E I O G
Z I F J D G M B I B Z V E R U
Z C A V M O R A B L C T S T J
C M R N V K F A T A I V K Y O
W A S D T T K C P R A M U D S
R G X Z Z S Y W A E M I A A H
T G F V I C P S X N S D E Y U
G H P O M E G R A N A T E S A
R Y H G R X R O E H B A V W J
G R A S S H O P P E R S N F G
G P Z U O S B T A N A K T O H
L T W E L V E T R I B E S U Y
```

JOSHUA

SPIES

CALEB

ANAK

NEPHILIM

GRASSHOPPERS

POMEGRANATES

GIANTS

FORTY DAYS

GRAPES

TWELVE TRIBES

LAND OF CANAAN

Balaam's DONKEY

Read Numbers 22:1-25:18, and 31:1-54.
Find and circle the words below.

```
V U B P M O U B X A P I P I Z
H N D A G L H S S N L N R S Z
O V S H L B V R E G T L O R I
F M M U O A H V V E C B P A V
F D F U I W A U E L N P H E I
E A O Z N B Z M N O A Y E L N
R F Y N D I V T A F M M T I E
I R D S K S M A L G E O N T Y
N Z L K D E P H T O P N M E A
G M O X R U Y Q A D B E A S R
S E G M L H Z D R K Q Y B Y D
Y V X N H B Z P S J E X B U D
Y B P L A I N S O F M O A B T
Q V T W E L V E T R I B E S D
K I N G B A L A K A N A X K V
```

PLAINS OF MOAB

BALAAM

PROPHET

VINEYARD

ANGEL OF GOD

SEVEN ALTARS

ISRAELITES

OFFERINGS

DONKEY

MONEY

KING BALAK

TWELVE TRIBES

The Promised Land

Read Genesis 15, 17, 50, Deuteronomy 5, 6, 9, and Joshua 5.
Find and circle the words below.

```
L A N D O F C A N A A N C R M
B H L E S W E I N V B V O I I
D V O Y U L P W E K P M V V L
G X B U K P D Z Q F N K E E K
M A B N S R H A N S B O N R A
T W E L V E T R I B E S A J N
W W C Q J M O I A Q Y V N O D
T K S I J Q Y F Q T M G T R H
T L Q N Y C W T I A E D M D O
Z A B R A H A M N S H S T A N
P O S S E S S I O N R W L N E
C L Q Y F O R E V E R A A H Y
E B L A N D O F I S R A E L O
M C A O Q T R U Q V Z F M L P
Y M P D E S C E N D A N T S R
```

COVENANT
HOUSE OF ISRAEL
FOREVER
ABRAHAM
MILK AND HONEY
EUPHRATES
RIVER JORDAN
POSSESSION
LAND OF ISRAEL
DESCENDANTS
TWELVE TRIBES
LAND OF CANAAN

Rahab and the SPIES

Read Joshua 2. Find and circle the words below.

```
J O S H U A G K V E Q M J Y N
W E X N F N S K R A H A B R Q
R I R V M L Y G I M E Z C O O
M Q L I B I A L O W G O G O H
Y F D Z C P U X B H W U D F H
Q J C A G H Q T Y Q M K R T L
G O U I H P O E K G E X O O A
T W E L V E T R I B E S Z P S
A Z I S R A E L I T E S H M P
Y E D R H J T O R W H J U C I
V H R T V Z H N B J R G U K E
U C I T Y W A L L W P O Q M S
G F O P O W T W T L T G P Z C
J O R D A N R I V E R I T E X
K I N G O F J E R I C H O T I
```

JOSHUA
RAHAB
SPIES
ROPE
JERICHO
ISRAELITES
FLAX
CITY WALL
KING OF JERICHO
JORDAN RIVER
TWELVE TRIBES
ROOFTOP

Battle of JERICHO

Read Joshua 5:1-6:27. Find and circle the words below.

```
K S W M A M S U L M W B M W C
J I B V E A H R A M H K M Y A
J N S U S R O K B B D B L A N
O J B R O C F I Q C Z A B H A
J B E T A H A C W B B T C W A
I W T R S E R U R U O T I E N
E Q I Q I J L U V B H L T H I
N P E U G C C I K N Z E Y F T
Z L E H I H H Q T M J B W J E
Y C D M U L U O C E V X A Z S
S E V E N T I M E S S T L I L
X B P Q H L K L F F V R L K T
M C N G S E D Z F Q N U S R A
W D L C K C F P R I E S T S E
M J O S H U A E A R K O L I P
```

JOSHUA

BATTLE

MARCH

JERICHO

CANAANITES

CITY WALLS

YAHWEH

ISRAELITES

SEVEN TIMES

PRIESTS

ARK

SHOFAR

Gideon's ARMY

Read Judges 6:1-7:25. Find and circle the words below.

```
E J T L U H I Y M C O T M I G
V B Q O P U V X T A N D F S I
G G B U R F M Y T M O C B R D
A X Q K W C P I H P D W U A E
R K B R N C H D J O R A M E O
M G Y R I E R E C F I T V L N
E L V K T U E U S M N E L I W
D P Q T G S A L R I K R Y T I
M C F D L E U K S D J O S E F
E D N W M A K K L I W M E S B
N J S H O F A R H A T A F A V
P Y A H W E H U D N L X I S P
O H K Z S Y G U L L Y G M W V
I E B M O R E H H P K Q R K X
M K F O E M P T Y J A R S L V
```

ISRAELITES

GIDEON

YAHWEH

MOREH

KNEELS

CAMP OF MIDIAN

ARMED MEN

DRINK

TORCHES

WATER

EMPTY JARS

SHOFAR

Samson in the TEMPLE

Read Judges 16:21-31. Find and circle the words below.

```
E D I Z O O R U U B T G M H P
J A X C N W S W P Q L R C A P
N G S L T N E Q Q I Y I L I H
Q O C T A E K B Q V L N N R I
C N W Z R B M O L W F D I D L
C M Q Q Y E N P L X A G U N I
A A U S Z D N E L B E R F X S
W P O O Z Y T G E E C A T U T
T W P R I S O N T J C I K Q I
V O N H I L E A M H Y N O M N
C J U D G E O F I S R A E L E
P K D Q E U S C J H F W C S S
N K H R F N S C O L U M N S S
V S A M S O N D P Q G W O X X
Q F V D K U V H C H A I N S C
```

PHILISTINES
GRIND GRAIN
DAGON
TEMPLE
HAIR
PRISON
CHAINS
SAMSON
STRENGTH
BLIND
JUDGE OF ISRAEL
COLUMNS

RUTH & NAOMI

Read Ruth 1-4. Find and circle the words below.

```
B N M O A B I T E V X W R R G
C W H B E T H L E H E M A U B
Q G U V F L H K X T E W T T W
F B D Q D B O I L E O L S H U
H T F S S L T V S Q V O W F L
O F P L W I N Q E X E Y F E K
A G E U M I B T P J M A V P C
M O T H E R I N L A W L W C V
W F F X K M A Q R V B I G B R
J I G I W R P H M L D B N O D
Q E D H O P U F Z U M Y U A U
F S H O Y D C M D V X V Z Z B
U L V K W N A O M I E T S C O
J O U R N E Y G F A M I N E M
L B A R L E Y H A R V E S T O
```

RUTH
NAOMI
WIDOW
FAMINE
BETHLEHEM
LOVE
JOURNEY
BOAZ
LOYAL
MOTHER-IN-LAW
MOABITE
BARLEY HARVEST

God calls SAMUEL

Read 1 Samuel 3:1-21. Find and circle the words below.

```
E P H R U E S E R V A N T S T
B R L G L O S I J Z Z E B Z E
H O H B S Y P I N F Q U L B M
E P A O U A O L A O S B A S P
F H S Q U W T I Y P H W S H L
D E I U G S H E A A G L P I E
F T Z F E J E D Y X C O H L K
B Y A H W E H O B F B X E O J
Q Q M O R H D W F P Z I M H L
J K O R U R Y N R E L P Y E G
Z P U N I S H M Q M L G Y D C
E F O S A M U E L S S I H E A
U Z E S U M T X R F O L O X L
D P Q B Q H V L G H H F A R L
E Y E S I G H T K R I J L R I
```

SAMUEL

HOUSE OF ELI

EYESIGHT

YAHWEH

SERVANT

BLASPHEMY

PROPHET

SHILOH

TEMPLE

LIE DOWN

PUNISH

CALL

Saul anointed KING

Read 1 Samuel 10:1-27. Find and circle the words below.

```
C K L I A H F V S A M U E L R
H F O B O P I T G K I N G Z S
O R L B J M H D J F A U I L P
S R H A E F D Q D Y G B K P I
E N G I S N S R K E F K H E R
N Q Q Z P K J I B A N I V X I
V E X G X B O A F O U S T A T
L C M X H O Q F M E I H Y C O
B O Z O S B A L O I H C G X F
X J K G E X M R P I N G I T G
L F J P K P P X Q O L V B J O
T R I B E S O F I S R A E L D
V Q C Z R J K E P B Z K A T Z
H R V Q D O N K E Y S G H B A
Y B A G G A G E H R K X U E P
```

SAMUEL

FLASK OF OIL

TRIBES OF ISRAEL

BENJAMIN

KING

CHOSEN

KISH

DONKEYS

SPIRIT OF GOD

GIBEAH

BAGGAGE

HIDDEN

Woman at ENDOR

Read Deuteronomy 18:9-14 and 1 Samuel 28-31.
Find and circle the words below.

```
J B B Y Z J W D C J M E R N M
M I Z P A H C E E U L A P X W
T Q T L W Q T U P D D U R O K
K P F I I T U T A G W S O V N
Y P G Z G I M E F E V K P W O
S R W N G J C R O W S D H R N
X O W N H S L O R P S Z E Q J
C D L L L V A N B P H M T V N
O J E D Z Z A O I V E J B D M
H L L K I J L M D K O Q E J W
L J M Y W E R Y D W L T C T S
S A M U E L R T E Z H L F O A
T B A T T L E S N K Z T O F U
L V U P H I L I S T I N E S L
M E N D O R K R D N B T A E E
```

JUDGE
BATTLE
PHILISTINES
ENDOR
SOLDIERS
SAMUEL
MIZPAH
PROPHET
DEUTERONOMY
SAUL
SHEOL
FORBIDDEN

DAVID & GOLIATH

Read 1 Samuel 15:1-18:7. Find and circle the words below.

```
G D K D I B J F M A O O N T R
O T J A H W E R H P C B Y A T
L J I V W V E J S H T D B F E
I K A I E R Z Q G I L I L I L
A G R D G G X F P L C S A V A
T A R G B Z T W O I K R X E H
H T D K A I X M Q S A A X S V
J O P P I R H X Y T R E I T A
V G P W Q N K S D I M L R O L
D T I S O O G G Z N O I N N L
O S Z A K U G S X E R T T E E
C Y Q Z N M B M A S P E Z S Y
O A Z L A T O Q Z U Q S Y Y Q
Z A R M Y L O W G C L G V M Q
S L I N G P S H E P H E R D Y
```

GIANT

DAVID

ELAH VALLEY

SLING

PHILISTINES

GOLIATH

ARMY

FIVE STONES

ISRAELITES

KING SAUL

SHEPHERD

ARMOR

DAVID & JONATHAN

Read 1 Samuel 18-20. Find and circle the words below.

```
P P C C O X X L M Q T J J S T
T A H J J I J C P O S M F R E
S Q L S X O Y O K Q L Y U V Y
S L Q A P P H V N K W W D R P
Q P A E C P C E M O W A S K H
F D E N N E C N I C B R N I I
K R S A S P I A I J G N G N L
S N I E R P J N O L P I M G I
E M M E B T H T P J J N F S S
R R O M N Q I X I C W G E A T
V Q A C M D X V T N B Z H U I
A N E N R A M A H P T I J L N
N C B R E U B A N Q U E T P E
T X U U E L Y A X C D A H G S
B D A V I D J O N A T H A N X
```

PALACE

DAVID

COVENANT

JONATHAN

PHILISTINES

RAMAH

BANQUET

FRIEND

SPEAR

WARNING

SERVANT

KING SAUL

Elijah and the prophets of BAAL

Read 1 Kings 18. Find and circle the words below.

```
I U C F E L Q H V R D H M Q F
K F I N Z T I Z X X A G O X I
L I A S F A V C C W Z I U D R
X W S L R I F J K P C D N P E
Y R B H S A Y Z F B A D T V A
H E N N O E E Z I B J S C R S
E P T Q I N P L B B M A A E D
E L I J A H V R I S N I R Z H
M F Z L X P S A O T H S M S E
U D V S W M G C L P E B E J A
R O B A D I A H C L H S L J V
E P P N W E J Y P J E E F R E
O T B D R J C W Q T R Y T X N
J E Z K I P C S T O N E S S J
T A L T A R U K R B T O U O I
```

KISHON VALLEY

FALSE PROPHETS

ALTAR

JARS

STONES

ELIJAH

RAIN

FIRE

HEAVEN

ISRAELITES

OBADIAH

MOUNT CARMEL

Naboth's VINEYARD

Read 1 Kings 21. Find and circle the words below.

```
S T O N E S T J O Q F A M S Q
R S B N K K N L U G Z M R A F
L J I T W L J H C E N Q Z M D
V D E I C S E I W T C V S A T
X I I Z U K Z N A W L F A R N
W U N P R Q E R E B E L C I A
C T K E T E B K M M U I K A B
J P P M Y E E Y S D Y A C P O
B C N D I A L L V M V Q L F T
H M A M S Z R I I X V Q O P H
D O N D R E E D T T D C T G M
T E V H W Y A F J D E N H H X
G Z G V F Z U L E T T E R S I
U E D Y K I N G A H A B I C G
N E L I J A H H S I U Q L H J
```

SEAL

JEZREELITE

NABOTH

LETTERS

SAMARIA

VINEYARD

KING AHAB

JEZEBEL

ELIJAH

STONES

ENEMY

SACKCLOTH

ELISHA & NAAMAN

Read 2 Kings 5. Find and circle the words below.

```
L H R O D B C L W Q E J A T M
N A D F B H S N O Z B O H F H
Z B N H H L Y J A J C R N S N
E Y H D N D H U J A L D S E D
O L Q A O X R A O I O A H R S
D L I V K F C O M E T N N V E
Z S E S I W I G I D H R A A V
Z A O T H A R S N B I I A N E
Q I O T T A H H R R N V M T N
G N D H I E D N I A G E A C T
E G K H A I R I Q N E R N X I
C H A R I O T S F L R L M Z M
X O E O T P L E P R O S Y D E
A P M I I J E J X C V C U N S
C L C L E A N M G E H A Z I T
```

NAAMAN

LEPROSY

CLOTHING

CHARIOTS

SERVANT

GEHAZI

LETTER

ELISHA

SEVEN TIMES

LAND OF ISRAEL

CLEAN

JORDAN RIVER

Solomon's WISDOM

Read 1 Kings 3:16-28. Find and circle the words below.

```
K T L O F E T X W J U K W P W
M O W E R J T J P F N I I E C
Q J T O D C B P Q G B N S O I
O J U E W M H R T D C G D P D
K J I S J O F I J R Y S O L Y
I Y L E T A M S L L S O M E X
S B S P N I N E W D F L O O J
Z N P A P N C G N D Q O F F U
A G U M J L F E P M K M G I D
H R Z L M H Q D K L M O O S G
H B I R T H Q M R M L N D R M
D I V I D E A A L I V E M A E
R O X A L Q L D E A D V H E N
K S W D A Y R G X U Z K X L T
T J L K K J K S W O R D T U O
```

TWO WOMEN

CHILD

BIRTH

KING SOLOMON

SWORD

JUDGMENT

ALIVE

DEAD

DIVIDE

PEOPLE OF ISRAEL

WISDOM OF GOD

JUSTICE

Solomon builds THE TEMPLE

Read 1 Kings 6:1-38. Find and circle the words below.

```
M P L X O M S R T Z R G T T S
J M O U D R S P Q S C P O X A
Q E U M P K X N E M H L L W N
L C R R E O F Y F R E M I K C
J J S U E G Z F L O R Z V I T
I R T S S M R S D J U Y E N U
A L T A R A S A P H B V W G A
O Z I A Q I L P N S I S O H R
W D A F N L R E G A M Q O I Y
E S C F M R Q G M M T X D R R
S Z X G B T I N M S K E R A U
X T E M P L E O L V S Q S M Y
H O L Y O F H O L I E S M P A
C E D A R X A L E B A N O N W
K S E V E N Y E A R S G L O A
```

KING HIRAM

OLIVE WOOD

CHERUBIM

ALTAR

SEVEN YEARS

TEMPLE

LEBANON

POMEGRANATES

JERUSALEM

SANCTUARY

CEDAR

HOLY OF HOLIES

Queen of SHEBA

Read 1 Kings 10. Find and circle the words below.

```
T G P C D N J D K F V Y C E F
V W A B L C U K Z T K Y D W A
Y D L D V O X U Y Z T N S I K
X F A J I V T M G N S Y P S C
A T C Q Z B J H A W V X I D A
A B E O I C N D I X P F C O M
T E M P L E T S Y N I G E M E
R X S O E D Q T F Y G O S C L
Q U E E N O F S H E B A D G S
I G D X L M Q N H O D O E O T
N A S E R V A N T S V J G L F
J W B Q F M S G G Y V P Y D A
T H R O N E O F I S R A E L H
K I J E R U S A L E M M U F I
R E W K I N G S O L O M O N Y
```

PALACE
CAMELS
WISDOM
GOLD
SERVANTS
TEMPLE
SPICES
CLOTHING
JERUSALEM
QUEEN OF SHEBA
THRONE OF ISRAEL
KING SOLOMON

The prophet ISAIAH

Read Isaiah 1:1-31, 7:1-8:4, and 38:1-22.
Find and circle the words below.

```
T T J J X R T I S A I A H C T
P R Q U W T L L F B V E P M H
S I M X S J J D H A Z V R B R
H B X V N T E Y C B Z T O J O
N E H U F C I G E K J L P E N
U O O X Q J I C Z F B S H R E
D F E N V A L R E F A T E U H
F J G M P D K P Z C G B T S S
A U H E Z E K I A H I X O A C
A D T E M P L E B I G P F L A
V A E P R R K O X M F S G E R
Y H M G D L Z G F I H Q O M L
O P F Z B A B Y L O N U D M E
O Q T S O N O F A M O Z P Z T
H O U S E O F J A C O B I J M
```

ISAIAH

HEZEKIAH

SON OF AMOZ

SCARLET

HOUSE OF JACOB

BABYLON

TEMPLE

THRONE

PROPHET OF GOD

TRIBE OF JUDAH

JUSTICE

JERUSALEM

Josiah and the TORAH

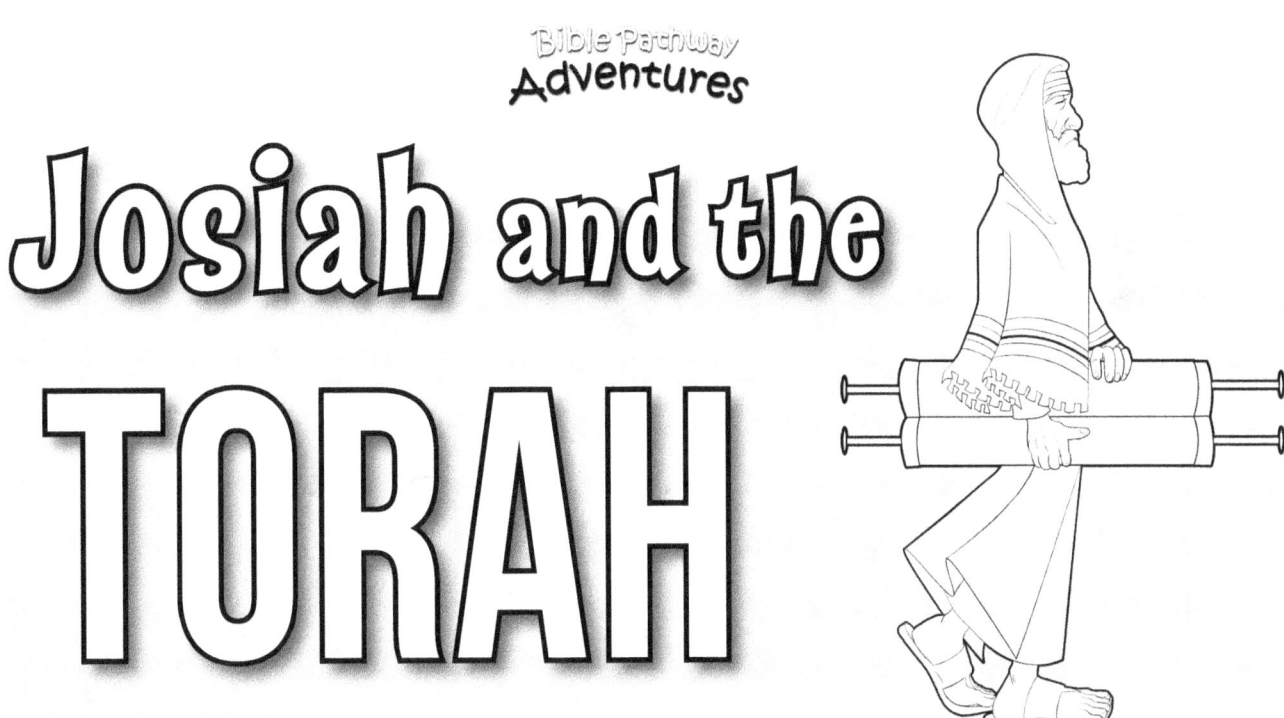

Read 2 Kings 22:1-23:37. Find and circle the words below.

```
K X J W K H T T Y B V H J D W
H W E N Z I D O F K F W U C M
I R R S B L D X R Z J X D F W
L E U M T A X R V A N C A D Y
K B S I Z A O Y O Z H Z H I I
I P A L H I T B J N H O D S S
A J L N Y A H U O H M T A A V
H R E Z P X U H E F V L G C T
Z J M I M N E E T S S Z Q K E
J O S I A H X B W E I L Q J M
Z V V K Y U W P S C R O L L P
C O V E N A N T C M F Z T A L
F X W L T N L X B N P Z N Q E
H S P A S S O V E R L Z C E Z
H X T S P R I E S T T T K Q I
```

PASSOVER

KIDRON

HILKIAH

TORAH

TEMPLE

SCROLL

PRIEST

JERUSALEM

STATUES

COVENANT

JUDAH

JOSIAH

The fiery FURNACE

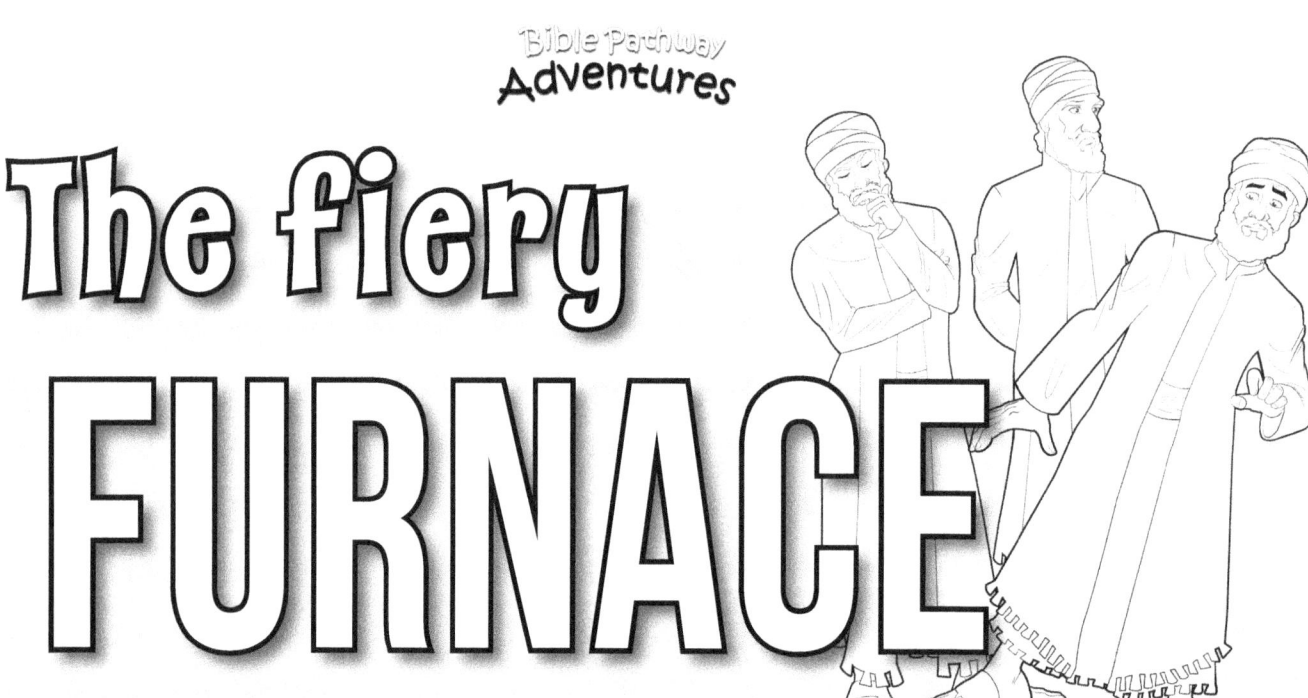

Read Daniel 1:1-3:30. Find and circle the words below.

```
C A X V Z Q J W O R S H I P H
N H S E R V A N T S Q C G A E
N Y A F A S U Y D H A G E N B
T S F L U B A B Y L O N Q G R
C P L N D I E Q T Z I D X E E
J E W W E E G H P F Q W D L W
N E B U C H A D N E Z Z A R P
T Y W O G W H N C F H F B I F
U D Q X K D J K S Y X X F Z U
N A B E D N E G O U D X G H R
C E G O V E R N O R S D P Q N
Y F R C Z R E C D H J T G V A
F Z A S H A D R A C H M N L C
Y S Z H O D V Z H U X W V S E
R A J F M E S H A C H U N Z X
```

HEBREW
ABEDNEGO
GOVERNORS
SHADRACH
NEBUCHADNEZZAR
CHALDEANS
FURNACE
SERVANTS
WORSHIP
BABYLON
MESHACH
ANGEL

Daniel and the LIONS

Read Daniel 1:1-6:28. Find and circle the words below.

D	J	L	O	P	Y	D	H	E	B	R	E	W	F	D
K	B	G	D	I	G	B	Z	G	K	C	M	K	T	D
I	B	A	Y	O	E	K	J	R	I	U	X	M	J	A
N	L	L	B	K	B	X	R	L	N	F	P	D	Z	N
G	D	P	A	Y	L	Q	M	Z	G	B	X	H	Q	I
D	M	D	L	M	L	U	M	A	D	F	O	S	U	E
A	R	T	D	I	E	O	Z	N	O	L	W	C	K	L
R	G	W	D	K	O	L	N	P	M	R	B	F	N	G
I	Q	K	M	Q	M	N	E	V	Q	B	Q	U	T	S
U	E	W	Q	D	Q	G	S	S	K	L	N	K	C	K
S	Z	H	U	N	G	H	W	D	S	I	I	M	A	S
D	B	X	A	B	F	G	P	S	E	O	C	X	X	L
A	N	G	E	L	O	F	G	O	D	N	S	X	N	K
D	D	P	R	A	Y	U	L	V	V	S	V	F	O	F
X	M	A	G	I	U	F	T	R	U	S	T	C	S	P

HEBREW

KINGDOM

TRUST

BLAMELESS

ANGEL OF GOD

PRAY

LIONS

MAGI

BABYLON

KING DARIUS

DANIEL

LIONS DEN

The story of JOB

Read Job 1:1-2:13. Find and circle the words below.

```
B B O J Q U P R I G H T L T E
Y Y I L W A Y E A Z S S J E W
S A K Z R H J I X U I G L N Z
R I S K M S K B H F L R Z C K
Z D Z H Q B D Y E K S E T H Z
K R V O E A U P Y A A A P I B
O G L W P S W K N X T T C L L
S E R V A N T P Y U A W O D A
C H A L D E A N S M N I H R M
Z B A R I F S M Z F Q N E E E
L V D P U I B I J V V D D N L
O G G Q Z X Q E E E M B G F E
N A D V E R S I T Y D K E C S
J W B S U F F E R I N G V D S
F Z P O S S E S S I O N S P K
```

SATAN
ASHES
UPRIGHT
TEN CHILDREN
HEDGE
ADVERSITY
CHALDEANS
BLAMELESS
POSSESSIONS
GREAT WIND
SUFFERING
SERVANT

The chosen BRIDE

Read Esther 1:1-2:18. Find and circle the words below.

```
Q M R Q Y F E S I Y I V M B T
Y K D O U U H Q R V J V O O P
D O I J Y E G X R T K D R J O
N J W N W A E P J O Y M D T I
Q B R T G T L N K D Q U E E L
X R R I Z A D C O B E T C S O
Y R U U U B H Z R V P K A T F
W O T C Y E H A U O S J I H M
G R E A T F E A S T W U U E Y
S I X M O N T H S U V N S R R
J D P S Y P Y J Q K E I Z A R
O E G S E R V A N T S R X Z H
I P U H R G Y V N E W L U P A
Z R O Y A L P A L A C E D S C
B T E O S T D K Z H E G A I H
```

OIL OF MYRRH
MORDECAI
GREAT FEAST
ROYAL PALACE
SUSA
HEGAI
ESTHER
SERVANTS
QUEEN
ROYAL CROWN
KING AHASUERUS
SIX MONTHS

Jonah and the BIG FISH

Read Jonah 1:1-4:11. Find and circle the words below.

PRAYER
SAILORS
DISTRESS
SEA
PROPHET
BELLY
JONAH
ISRAELITE
REPENT
SHEOL
GREAT FISH
KING OF NINEVEH

Rebuilding of JERUSALEM

Read Nehemiah 1:1-4:23. Find and circle the words below.

```
H I G H P R I E S T S M T B G
N N X D L E X Q S E A E A P J
E L I T R L A T M O N O L S E
H B Z C B E I U F I B H F H R
E F V G I N P A X M A W Y E U
M T F H P O G A C H L F V E S
I H F V L Q J U I D L S N P A
A U W E A P O N Q R A E Y G L
H L D D X Y D Z K W T M W A E
J J J R H G D S P C Y J A T M
T L A N D O F J U D A H L E O
T C V J B R F G U M N J L C Y
G A T E O F Y E S H A N A H S
G O D O F H E A V E N L E R G
K I N G A R T A X E R X E S G
```

NEHEMIAH

WEAPON

HIGH PRIEST

LAND OF JUDAH

WALL

SANBALLAT

JERUSALEM

REPAIR

GOD OF HEAVEN

KING ARTAXERXES

GATE OF YESHANAH

SHEEP GATE

Birth of John the BAPTIST

Read Luke 1. Find and circle the words below.

```
T X S O N N K C W G W S N E K
I E E Z E N V F H A E P G X N
H V M K E P U F Y B P I E S P
Q L M P O C X N T R D F Y I A
K X N Q L Y H A K I F E H M N
K S M O C E G A T E E E S E G
T A P J P H Y V R L D Y M L E
I P V J O H N T F I H Q U I L
M Q O J L V G B M A A R I Z I
L L I N C E N S E F M H C A O
E V U N O D L Z H Q U T O B F
A L W B D X M Q E Z T L V E U
S A N C T U A R Y H E J S T T
I A H O L Y S P I R I T T H I
W Y E S Z A L T A R M W T Z B
```

GABRIEL
HOLY SPIRIT
ALTAR
MUTE
TEMPLE
INCENSE
ZECHARIAH
JOHN
ELIZABETH
SANCTUARY
ANGEL
SON

An angel visits MARY

Read Luke 1. Find and circle the words below.

```
P V E Q N S J M H T R H A H Y
M E S S I A H X X D B R R O E
X N T D O I H A A X X C Y L S
I S A W F D S J F R S K E Y H
V X L Z R I F R P Z F T R S U
J N M J A R P O A C D B F P A
O A B A K R Z H I E Y I V I Y
E L B V R S E P N V L A B R J
V U U H E Y I T G S Z I A I O
G U M R P L R Y H Y P M T T S
D C M S O N O F G O D Z Q E E
W S O A N G E L K G B R Z C P
M A E X J A G F B A B Y G G H
W A R W P R E G N A N T D J W
O Q W G X B E T R O T H E D B
```

SON OF GOD

BETROTHED

BABY

HOLY SPIRIT

NAZARETH

MESSIAH

ISRAELITE

JOSEPH

PREGNANT

MARY

ANGEL

YESHUA

Birth of the MESSIAH

Read Matthew 1 and Luke 2. Find and circle the words below.

```
M A N G E R W C S M O N Q G C
U L K V E W L E H I J N V T G
W D E I R F U N E S G M T I R
S A U S X B W S P L D Z R B R
Q U N A T M E U H A B B H A J
O R U G Y A V S E G O H G B J
Q W K K E I R F R T X E V Y D
Z Z F M W L N C D P B Q E B V
A L R L H F S H S U B S R O U
A P P O I N T E D T I M E Y Q
X T I V V X Q J Q P B D S J K
N B Z P G L L Z Q E M A R Y I
K I N G H E R O D V T Y B O N
V B B T I P Y E S H U A G T G
W B E T H L E H E M Q T D M R
```

STAR

KING

ANGELS

KING HEROD

BETHLEHEM

MANGER

CENSUS

MARY

BABY BOY

SHEPHERDS

YESHUA

APPOINTED TIME

Visit of the MAGI

Read: Matthew 2:1-12. Find and circle the words below.

```
Y F R A N K I N C E N S E F D
J I L K L M D C O S P Y X
E P A Y I I Q L H Q N T X E I
R H N X M N Q G R J L A X S E
U I D O O G G U Y C R M H Z
S R O R B H V M U T J X Y U N
A G F S A E X Q A Q Q B R A U
L I J H E R B A L K F B R A U
E T U U X O T P N B E K H C F
M G D U Q D Z J L L L R Z Z G
F J E S L X S H Z O T N S I O
R A A I Y Q K P S T P U A X L
F W Q W I S E M E N O V D T D
H L Q D H I Q B D F V Q R D M
R B E T H L E H E M I C A H A
```

YESHUA

MYRRH

GOLD

KING HEROD

FRANKINCENSE

BETHLEHEM

KINGMAKERS

JERUSALEM

WISE MEN

STAR

MICAH

LAND OF JUDEA

King HEROD

Read Matthew 2 and Luke 1. Find and circle the words below.

```
X C D D E S T R O Y E C M C U
Q H J Z X L S Y J G D A A H G
W I U J Q M X T E F X G G I D
E L I E E G X L R J R Z I E K
E D I H X R K Z E U R H N F Y
Z D V Q K G U E M N M P A P O
S C R I B E S S I Y M A K R W
R N G M F O A O A I R A H I O
L O N Y L N U Y H L S I P E R
R L J E G Y I I A F E V Y S S
Y N D H E B B A S O I M C T H
K I N G H E R O D Q H A W S I
P E C B O Y S X L V L X I K P
M E S S I A H G S O E V Y R Y
X R Z M B E T H L E H E M G A
```

SCRIBES

JEREMIAH

CHILD

BOYS

CHIEF PRIESTS

KING HEROD

MAGI

WORSHIP

BETHLEHEM

DESTROY

MESSIAH

JERUSALEM

Escape to EGYPT

Read Matthew 2:13-23. Find and circle the words below.

```
Z O G E L J R H K I V L L C P
G D R E A M S H N V K O J K R
L A N D O F E G Y P T H O I O
M C A M W Y Q X Q O I Q N N P
D E J F O J A I X W B K A G H
E L H C D T G L F Y U O Z H E
O J I M T K H U I K I M A E T
T X O Q I L X E J G X L R R L
I O Y S E Z G M R W R G E O G
O J I I E K C C J L F X T D U
C H I L D P H X N Q C P H W W
H F U P F M H K N I G H T L A
C O Z L F U L F I L L E D J L
H W L A N D O F I S R A E L J
B L A N G E L O F G O D P O K
```

LAND OF EGYPT
DREAM
JOSEPH
ANGEL OF GOD
CHILD
MOTHER
PROPHET
LAND OF ISRAEL
NAZARETH
FULFILLED
NIGHT
KING HEROD

Presentation in the TEMPLE

Read Luke 2. Find and circle the words below.

```
M G Y I R U J J D J W O S X S
A P I F G A N V Y O L B A Q I
R Y R V K J P K K S G N L T M
Y G A O V T V B R E W H V O E
W T E M P L E I M P C G A R O
I X K H B H U Z Y H P Y T A N
D D C I Q W E M S Y V B I H U
O E N I O V X T F W D F O X C
W P I G E O N S E J M G N H W
R P X W Z F O V E S I O B S L
T W D X V X O M Y E S Y Y S U
T U R T L E D O V E S C D K Z
Y M Z A K G N D A N N A U O B
K V H J E R U S A L E M T X Y
Q Q T F S S H L W E C L L I J
```

PROPHETESS

ANNA

TURTLE DOVES

TORAH

SIMEON

TEMPLE

SALVATION

JOSEPH

JERUSALEM

MARY

WIDOW

PIGEONS

The twelve DISCIPLES

Read Matthew 8, 17, 19-21, Luke 5, Mark 2-3, John 1, 13, 18, 21, and Acts 1:12-26. Find and circle the words below.

```
J X T Z D S W V S T F V U Q P
R Z U T W E L V E H I V Q Y A
M K C Y G G N S L O S K D U A
Q E D S U P O H B M H J V J N
Q R S I Z P H V L A E Y S F D
T M H S S L H P L S R G D O R
K I U M I C P C T T M W H L E
H E S E F A I C S A E L T L W
K X J R P S H P V B N L S O Q
R L J A M E S M L R E U U W P
H P H I L I P Z R E T W R M E
U F T O B J E C N A S F S E T
N H S J O H N R C V S G T X E
Y J D I J F H M L B K Q L N R
L G A L I L E E M F S Q S F P
```

FOLLOW ME

PHILIP

FISHERMEN

PETER

THOMAS

TWELVE

MESSIAH

JOHN

ANDREW

JAMES

GALILEE

DISCIPLES

Wedding Feast at Cana

Read John 2. Find and circle the words below.

```
X J Q M T J Z T E S U Q R M S
X P Q D P A F Y B E E E F A I
J X Z Q I R W V V B H K Z R G
I W N W Y S D Y V T P U M R N
B U J Q L Y C B Q S C H S I B
Q C A N A Q A I X G L M G A N
I G F Y Q J R R P F F A U G M
Z K A F M S R N D L V R E E H
E P P L A Y U O E U E Y S Q H
Q I L L I P Z S M I Z S T U S
L V P F U L X D L X F K S H R
P E F B W M E W Q N W I N E C
Y M V J W V W E D D I N G A S
W W A T E R E E D F N B I P D
U J K B R I D E G R O O M B P
```

GALILEE
WINE
DISCIPLES
BRIDEGROOM
GUESTS
WEDDING
WATER
MARY
CANA
MARRIAGE
JARS
SIGN

Tempted in the WILDERNESS

**Read Deuteronomy 6-8, Matthew 4:1-11 and Luke 4:1-13.
Find and circle the words below.**

```
B D K Z E I P C I N E F I Y C
R Y E Y Y R D Q J P D O T U V
E L W U B D K X W K K R I G W
A D I Q T R L J I W L T S O S
D R L H I E Z H P Y S Y W F A
H T D M L T R L R Q R D R F T
O P E B Q E S O U K N A I P A
L Y R N X M L F N U G Y T B N
Y U N D C P U A U O T S T V Y
C A E N P L U Z K E M M E H E
I U S Z M E L P J B G Y N S S
T J S G J N K I N G D O M M H
Y A W O V D H H T A M E U K U
D J O B N J Q S T O N E S P A
D A N G E L S K E D N G Y V R
```

- SATAN
- KINGDOM
- HOLY CITY
- BREAD
- ANGELS
- STONES
- TEMPLE
- WILDERNESS
- IT IS WRITTEN
- FORTY DAYS
- DEUTERONOMY
- YESHUA

Sermon on the MOUNT

Read Matthew 5-7, Luke 6 and 11. Find and circle the words below.

```
Y C R O C K Y Y P A M F G Q P
E G X N Q J X L R I F Z K Y V
G P E I L V T M A B M E I S K
A I Q N F V N T Y R E K N X P
L Q P S E A A C E A S J G O U
I J R T M R X K R X S W D F R
L P O X F J O A Z O I I O F E
E E P P N P R U W N A P M H J
E W H W Y A U A S M H P O O O
N I E Q F Z K C R O W D F J I
A E T F J Q X S D T Z B G U C
X J S B E P Z V B N P Z O Y E
D I S C I P L E S K E G D U N
B Y I T R E A S U R E K S E E
M O U N T A I N S R F L K C P
```

PRAYER

ROCK

CROWD

REJOICE

PROPHETS

MESSIAH

MOUNTAIN

GALILEE

KINGDOM OF GOD

DISCIPLES

GENEROUS

TREASURE

Calming the STORM

Read Matthew 8 and Mark 4. Find and circle the words below.

```
G Q Y S T O R M G S P L E R D
E S P G H A G F I L G M Z E Q
V V C F A Z D U Y E P A A B F
E B E V Y R O A S E L W A U S
H W X N N B C C V P X W A K Y
F T I K I K W R W I T J M E R
U E F N K N W M N N S P G H E
T A C J D L G O E G D N D S G
U C M N U Y G Z S W L N A W W
L H O A A F O B E Y J Y F J E
X E D I S C I P L E S W R W Z
E R P N Y U V Z N P G V A N N
A I U J P P V T T N X M I Z A
C U S H I O N M Q S E A D E X
V G D V F E Z L F A I T H H M
```

FAITH

STORM

DISCIPLES

WIND

SEA

CUSHION

EVENING

OBEY

REBUKE

SLEEPING

TEACHER

AFRAID

Feeding the 5000

**Read Matthew 14, Mark 6, Luke 9, and John 6.
Find and circle the words below.**

```
T H I G U S W H S F C B O X F
S E B P E F Z P K I X A J K T
S Q A J F F O B W U Q R U P W
I V A C F B C Y R Q K L Q A F
L A F D H J N D Y E D E D S I
Z P L H W G V F W W A Y T S S
O D R F O D O L O D J D I O H
L A N D O F I S R A E L B V E
W S L X C H I R F O Q H E E R
Q P H I L I P I O I F R R R M
S O Z B J Y L T O Z S D I H A
O S D I S C I P L E S H A Y N
J F G P E O O Q R S P M S R F
M U N L E A V E N E D Y T H C
G A L I L E E T I K G T R B K
```

PASSOVER

PHILIP

BREAD

FISHERMAN

TEACH

FISH

GALILEE

UNLEAVENED

LAND OF ISRAEL

DISCIPLES

TIBERIAS

BARLEY

Jairus' DAUGHTER

Read Matthew 9:18-26 and Mark 5:21-43.
Find and circle the words below.

```
E G D Y U Q X X L M P G C M I
P H E A I C L W T S H D I W F
U Q V T U C X Q B G U F T F H
U Z E A U G B H V Q I O W Z O
D O U B V P H H E E V R E H U
P E T E R D N T U S Z B L C S
U A S B F U G Z E R R E V V E
B O C K A R U L E R P X E P Z
N U P T I K G B G T O W Y F L
P U S N T P P E A U V V E A T
D Q B O H W R A N D W I A F Z
O T U F W M Y I Y L I U R I J
V B E L I E V E N P Y R S N L
S Y N A G O G U E L L Y Q B G
T E A C H E R U X T H A N D I
```

GIRL
HAND
BELIEVE
PETER
SYNAGOGUE
RULER
GET UP
HOUSE
TWELVE YEARS
DAUGHTER
TEACHER
FAITH

Zacchaeus the TAX COLLECTOR

Read Luke 19:1-10. Find and circle the words below.

```
S S Y C A M O R E T R E E A S
M I U B I S A L V A T I O N O
J F N J I H K E Q X P N K C N
V H Z N P Z M K R C U V P A O
R T P N E U I V L O Z E K P F
S E B I P R C Z O L A T R I M
Y O S E D H D M S L C X J C A
C S H T X Q M V T E C D X D N
K P K M O W X K T C H O S B J
T X T N J R E T R T A W L S Y
H O U S E H E B I O E D O D F
U Q Y V Z H P K B R U V P M T
O J E R I C H O E D S P E Q G
V S I M V X Y E S H O R T E H
J J O Y F U L B P T E S G X K
```

ZACCHAEUS

SHORT

JERICHO

SALVATION

SINNER

RESTORE

HOUSE

TAX COLLECTOR

SON OF MAN

LOST TRIBES

JOYFUL

SYCAMORE TREE

Parable of the wise & foolish VIRGINS

Read Matthew 25:1-13. Find and circle the words below.

```
K I N G D O M K N D W K W Y W
K A B W B E M G D O X V P V E
I T R S X M L B V L O O A I D
C R I F V G F A Z Q W I Q V D
W I D L M D T R Y X Z Z L Q I
X M E H Q C H H T E X J D B N
S M G V E O C T U G D Y D S G
O E R Q J A E F F Z D B C F F
N D O I J H V C R L A M P S E
O D O Y P O T E N N O T Z G A
F W M A X C T Z N X F X E J S
M R Q M E F L Q M Y B G K S T
A R S L E P T H D K W F C B E
N G V H M X T K R Z W I S E M
M I D N I G H T F G T D X P H
```

- KINGDOM
- TRIMMED
- LAMPS
- SLEPT
- WISE
- HEAVEN
- DELAYED
- OIL
- SON OF MAN
- WEDDING FEAST
- BRIDEGROOM
- MIDNIGHT

Parable of the TALENTS

Read Matthew 25:14-30. Find and circle the words below.

```
I J N C L F O G Y I B C N F L
G N N H T A E U L I N A E R W
W R R Z A T R Q Y Q X B M K E
L F O R Q W A J M V K I A L E
H W A U V F J L H B R L S M P
V N O I N J O O E S I I T M N
S J J R T D W M B N Q T E L H
S E O Y T H B P Y E T Y R S D
Q A R U I H F S F P C S N L S
M T Y V R H L U L C G Q L C Q
H D Q D A N G E L Q R W H S O
C O N B J N E G S W G P W O O
W L Z T F T T Y T S G T Y W C
C K W V S R V S F H N M D G W
J O Y A R E A P I N G Q Y B Y
```

WEEP

TALENTS

JOURNEY

GROUND

FAITHFUL

SOW

SERVANTS

ABILITY

MASTER

REAPING

JOY

WORTHLESS

Parable of the good SAMARITAN

Read Luke 10:25-37. Find and circle the words below.

```
M I A L G V L X C A O Y D E K
B N P C S K U B C X Q I E R G
B L R Q S A Z V N A L B N L B
W S I J Z T M E B C M S A E Z
J J E J A D L A M L S A R V N
E F S P N R W O R S C J I I E
R F T L I Q G V R I J A U T I
I V C D M E Z M G G T U S E G
C O B V A F K R R C O A C W H
H I A P L V M M U I L J N O B
O T O R A H T E A C H E R U O
R O B B E R S B M E R C Y N R
V F N R F J F B E J L R B D E
F A Y N S G O G V X Q A G S E
T N T G L Z N H I N N H G Z S
```

JERICHO
ROBBERS
SAMARITAN
WOUNDS
PRIEST
ANIMAL
INN
MERCY
LEVITE
DENARIUS
NEIGHBOR
TORAH TEACHER

Parable of the PRODIGAL SON

Read Luke 15:11-32. Find and circle the words below.

```
J R V V I Q Q D C L P I C O M
X L U D U B F T Z F R I A C U
E B Z K L L R H I I O N S I P
F O R E B P Q M S E P H C T P
A S G O B A C U R L E K T F A
M S W E T L E P A D R F R Y R
I Q C F J H O C E I T G U G A
N O O N L C E J L K Y V M D B
E K S G Q A D R I Q X M F G L
E X O B M C E T T L J K L Z E
V O N R R Y S L E E V E D P V
V Q F A T H E R M H P H M I I
V G S E R V A N T G H Y P G A
X I N H E R I T A N C E Y S E
R F A T T E N E D C A L F R W
```

FIELD
FATTENED CALF
PROPERTY
PIGS
INHERITANCE
ISRAELITE
PARABLE
FATHER
BROTHER
FAMINE
SERVANT
SON

Parable of the SOWER

**Read Matthew 13, Mark 4, and Luke 8.
Find and circle the words below.**

```
Y R E E G Q R O C K Y H U B I
O H O S W X R O Z Y L H M V G
C D G A E V I Z L F R U I T R
K G H Q D E O G K I D M F K O
L I E C V S D X M D W T L B U
C L N K L D I S X J M N K A N
O W S G M N N D A O R S B H D
W U V V D V Y M E W S U W O J
A B H K D O U T H O R N S A P
M W U D J R M I R Z B D A U Y
P U A W O R D J S Z F G C V S
Y Q N N Q L B I R D S G T X O
Z X V T V Y K V S N I N N U I
N X V O N M M M L X E R M C L
F A R M E R X I I C M R R J T
```

FARMER

KINGDOM

ROCKY

THORNS

SUN

GROUND

SEEDS

FRUIT

ROADSIDE

WORD

BIRDS

SOIL

The Centurion's Servant

Read Matthew 8 and Luke 7. Find and circle the words below.

```
A W R H E A L E D O L N D C F
D M U E X M Q W Y R Q Y D C A
A O Y Z X R L S Y W I C P A I
P B I Z Y S O R I K T I G P T
C A A U T H O R I T Y T G E H
J D R O M B Q A U P Z M D R S
Y S Q A D D Y E V X F H O N O
P B T F L B Q C H K R O T A L
U C J A U Y B A T M U U O U D
Q U X T F S Z W J K B S R M I
Z W O R T H Y E K O F E M W E
M A R V E L M G D D K M E S R
Z H S E R V A N T E R O N G S
H V D A B D R L S S K N T Z D
C E N T U R I O N X G N L G R
```

- CENTURION
- HEALED
- SOLDIERS
- AUTHORITY
- MARVEL
- WORTHY
- PARALYZED
- HOUSE
- TORMENT
- CAPERNAUM
- SERVANT
- FAITH

Death of John the BAPTIST

Read Matthew 14 and Mark 6. Find and circle the words below.

```
B Z F Y S U J E I F D V I S B
N I M O A T H V H Y A D M Z K
T X R P R I S O N Z U A M S Y
M P X T E T T J H J G N E I I
O F U T H Y P N U L H C R W G
D E A T H D N F O X T E S O C
Z S R T K O A H A J E C E Q F
M Q S X E H P Y K E R O R K O
M P P J A T B I B S S S X Y P
P L A T T E R M H E R O D A D
V E C E L Y D A R M T G X O S
L H F L N P J X R W O E L X E
I I V V E D O Q M C A S C I H
W N T N L R J U W G H D R O K
Z W X J O H N R T A H E A D T
```

- DEATH
- HEROD
- BIRTHDAY
- DANCE
- PLATTER
- TETRARCH
- IMMERSER
- PRISON
- JOHN
- HEAD
- OATH
- DAUGHTER

The TRANSFIGURATION

**Read Matthew 17, Mark 8-9, and Luke 9.
Find and circle the words below.**

```
T P Y Y C C X J I V D D F E G
G R D E E L C V A Z P A W K P
M A A H N S R N Z M O O R S U
Y W X N O J H Z U A E D V U T
C A H B S S J U L U O S U K M
U V I I X F K Z A Z B A T K O
S U N L T R I K Y X Y V B A U
V A P E T E R G C L O U D H N
M G R O R W L X U A K I T J T
V Y E T P K N I Z R R Y J L A
V Y G Q F K V K G R E U M J I
D G A R M E N T S H H D W L N
X E L I J A H E B G T G Y S K
N H O E B K B S H O N E O J O
J M Y H E R Y P K J O H N T H
```

PETER
WHITE LIGHT
GARMENTS
ELIJAH
SUKKAH
MOUNTAIN
JOHN
JAMES
SHONE
CLOUD
YESHUA
TRANSFIGURED

MARY & MARTHA

Read Matthew 26 and John 11:1-12:19.
Find and circle the words below.

```
O X K L F N C F Y Y N L A J O
Z A F M I F N N S E K A B E F
R H M A G N B J X S E Z S B V
D G P R P C E R D H B A K E I
D F N T Z B Y N G U Q R X T L
B W A H N S N J S A Y U I H L
V C Z A W U I N W T W S Q A A
P E R F U M E M J M R Q S N G
K H K K C N F S H A L I Z Y E
V S T P Z E E K Q R I Y P C P
I M T V F B A H X Y J L E S U
S C U O J Q Y F M N B Q Y M Q
O R Q Y N M L S K P K H U F G
T T O M B E Z A N O I N T Q E
N F E E T I U Z A K I J C A U
```

- VILLAGE
- PERFUME
- BETHANY
- LINEN STRIPS
- STONE
- LAZARUS
- MARY
- FEET
- MARTHA
- TOMB
- YESHUA
- ANOINT

Lazarus and the RICH MAN

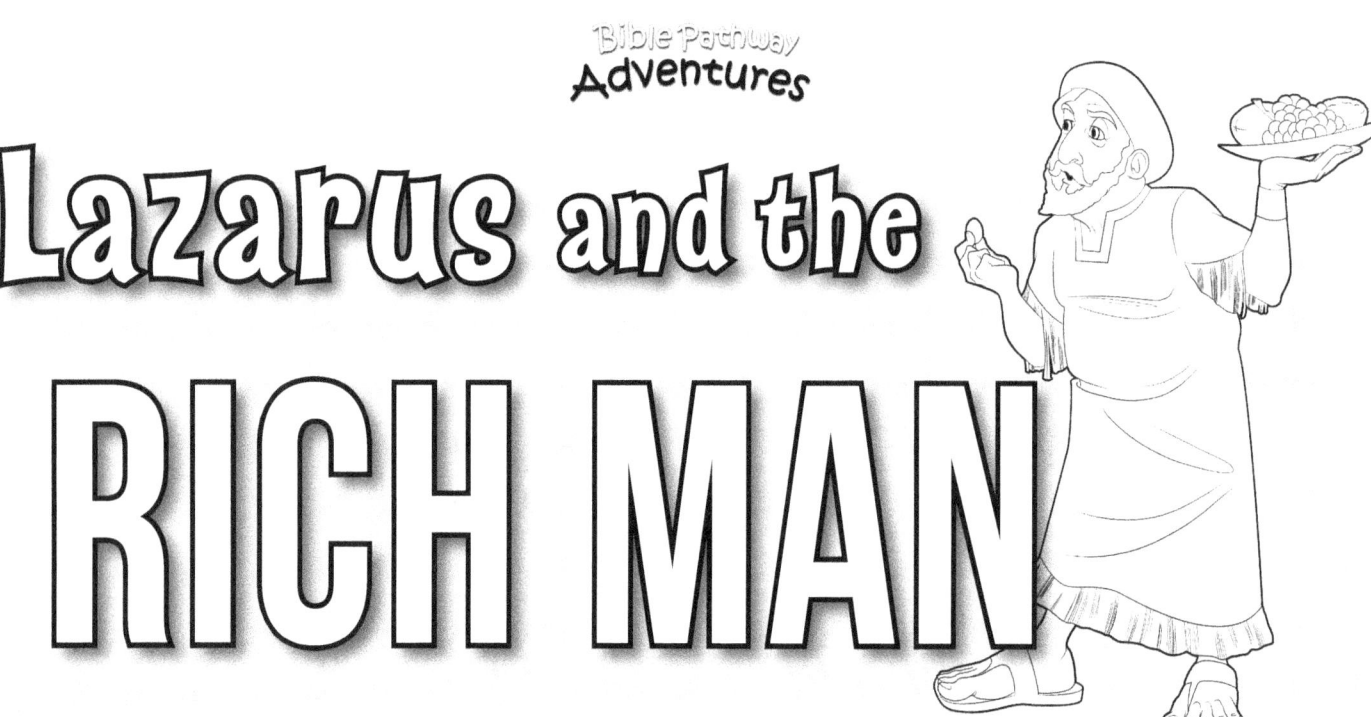

Read Luke 16:19-31. Find and circle the words below.

```
M N T K K W K H E O Z E J R B
H F M Y R J F L S Y Z J T P E
T A A P F S P F S U F K O R G
O D D B U B F R M T Z C I O G
M K S E R R S X E C B O Y P A
L F S O S A P L P H S M A H R
L K F A H X H L R M T F N E K
I B N Q R T S A E L M O G T K
Z L A Z A R U S M L S R E S G
F R D T E Y L O Y U M T L Q K
Z V G I S N D P W X V V S J X
V L E A X R O F J U G Y C G J
S F A T H E R B W R S J K R Q
F I N E L I N E N Y I Y U G J
G M S X H L I F E T I M E U D
```

FINE LINEN
COMFORT
BEGGAR
ABRAHAM
ANGELS
PROPHETS
LIFETIME
HADES
LAZARUS
FATHER
PURPLE
LUXURY

Woman at the WELL

Read John 4:1-45. Find and circle the words below.

```
G N J V Q T N H C C P K O B T
T H S A O K U R U R U Z O Y R
L C O B D Y G J D S O P B N U
L V G L E Q F X I P B S Z M T
B W T P Y X I R X P N A D B H
V D W H D S Y C H A R M N J W
I E X U I I P M O T W A K D Y
X N Z H S R S I U B O R Y M U
Y M U G K S S C R R C I T Y D
Z N V S B V K T I I H A N X R
W O M A N Y A C Y P T J W D I
J A C O B Y H N J S L G E O N
S S G S I I I Z D Z A E E W K
K Y E S H U A M V N M O S Q U
V L O V I I G Z J W E L L V M
```

SYCHAR
WOMAN
JACOB
HOLY SPIRIT
DRINK
SAMARIA
HUSBAND
THIRSTY
TRUTH
WELL
DISCIPLES
YESHUA

Triumphal ENTRY

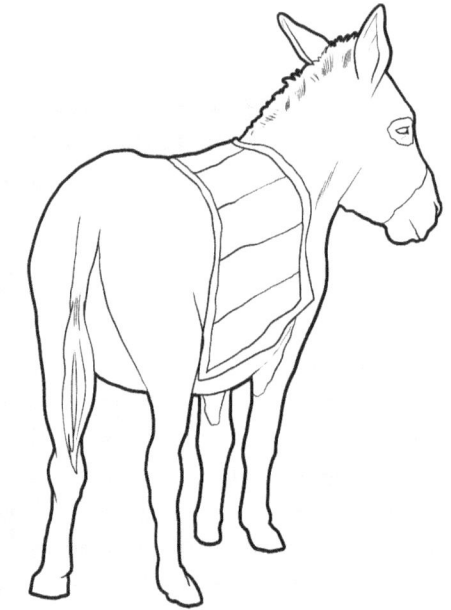

Read Matthew 21, Mark 11, Luke 19, and John 12.
Find and circle the words below.

```
G Z D G P S L V W F S H P U Y
S S U O C A E W T L B E R D J
P Q Y V N R Z Y L S Z I O N E
H G S Y B K L K K O Y R P L R
P B O F L K E C W O B U H N U
N B H A J B X Y P G Y R E H S
Y E S H U A X Q D U P H T O A
P M O U N T O F O L I V E S L
C C D T W L U V H G G O Z A E
U R R Z B R A N C H E S W N M
G Y O L G I Y V R P M D M N N
T J B W X A O Y U H X F H A N
K I N G D O M B B J K W U V D
Q T Z J C C B E T H P A G E L
C L O T H E S H J U E I W Z S
```

BETHPAGE

KINGDOM

MOUNT OF OLIVES

PROPHET

ZION

CROWD

HOSANNA

JERUSALEM

DONKEY

CLOTHES

BRANCHES

YESHUA

Cleansing of THE TEMPLE

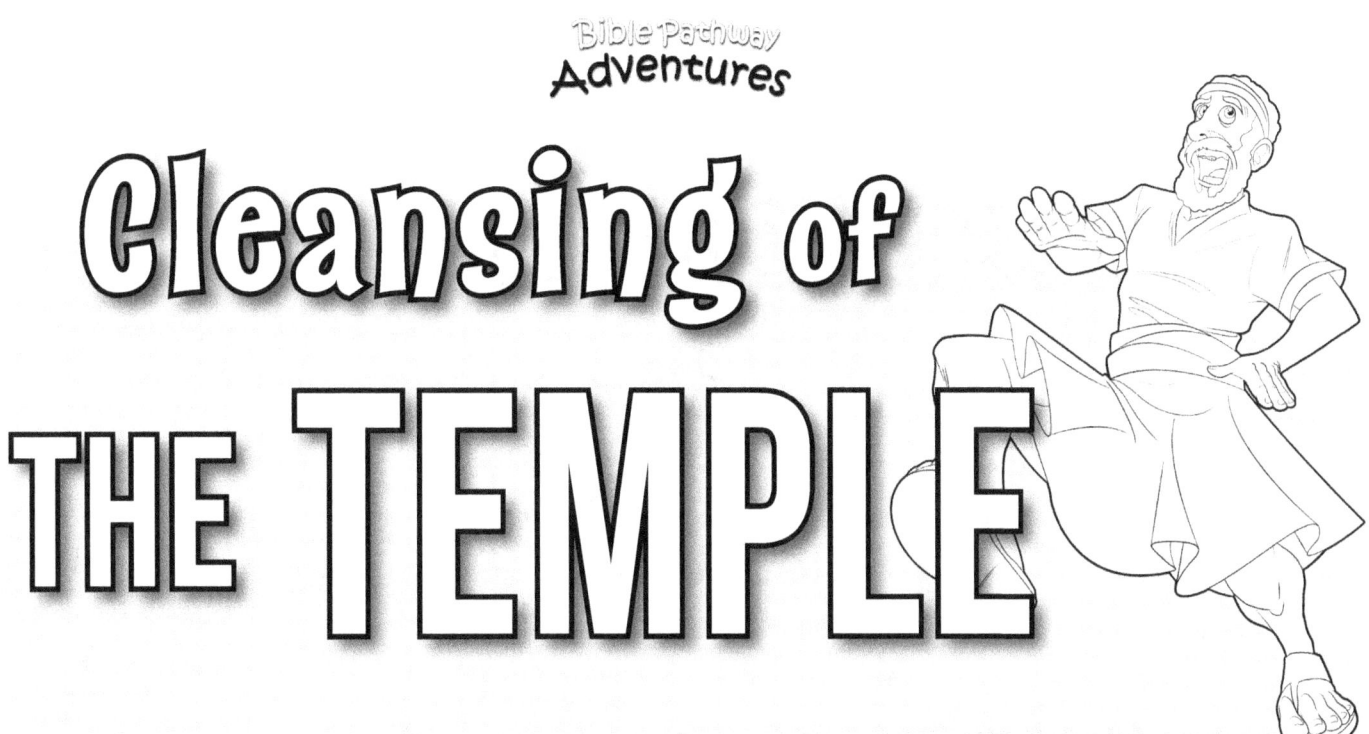

Read Matthew 21 and John 2. Find and circle the words below.

```
H Y F Q U D A J W L L U V S U
H O A Z I I R B Y W H H T H N
O W U H S P I A H U P T D E L
Q O V S W W I U W U G L E E E
K O X E E E O G J X A T N P A
Z Z I E G O H R E X H J O A V
C H B R N D F F S O O A F N E
S N K Q Y O I P X H N X R C N
F E E O J Z E K R G I S O B E
L G F K K N N E W A A P B H D
T J G M W A D T F U Y V B P B
J E R U S A L E M B Z E E Z R
K Z X R E T A B L E S W R G E
M O N E Y C H A N G E R S H A
T E M P L E C O U R T S A A D
```

SHEEP

WORSHIP

TABLES

YAHWEH

OXEN

PIGEONS

UNLEAVENED BREAD

JERUSALEM

TEMPLE COURTS

MONEYCHANGERS

HOUSE OF PRAYER

DEN OF ROBBERS

Judas betrays THE MESSIAH

Read Matthew 26:1-27:10, Mark 14:1-11, and John 12:1-13:30.
Find and circle the words below.

```
D L D I S C I P L E K Y F P M
Q O W K T R U P T M E T J I O
Z N P Q E Q O R E U D V W E N
H A N C M J T I M O N E Q C E
R A L Y P M S E P W R N N E Y
U C T J L F K S L M X V N S B
M F R N E F J T E M R T J O A
L E J U D A S S G J C P W F G
E L S M B N X E U C H D U S B
H Q Y S E P H P A C S I E I E
U U M V I W H Q R K I S S L T
A A G I E A Z W D E F L Z V R
K Q H Q K N H R S R K B W E A
J E R U S A L E M Y Z U I R Y
G E T H S E M A N E P A G Y A
```

JUDAS

KISS

MONEY BAG

PIECES OF SILVER

TEMPLE

MESSIAH

TEMPLE GUARDS

BETRAY

JERUSALEM

PRIESTS

GETHSEMANE

DISCIPLE

The Last Supper

Read Matthew 26, Mark 14, Luke 22, and John 13.
Find and circle the words below.

```
Z B C T Q D Y Z G D O B U C K
L H C I F E O E A W N O X U O
Q J Y A E A R H S I T D S P R
J U D A S W T A A H M Y Z O C
J K O W S I S H S W U T Z R O
B L O O D L M R E E N A Y J M
K H F Y S V R S M R O M Q T M
S E M N M Y L S K I K J E G A
Z C O V E N A N T A N N U K N
M W S Q P G W K N X A F W W D
E B D G D Q D H N J L P V P M
U P P E R R O O M Y V O Z I E
B R E A D F M F G W F Y E N N
V G M M D I S C I P L E S P T
C G L W A S H F E E T S G K D
```

COVENANT

BLOOD

BREAD

UPPER ROOM

COMMANDMENT

BODY

JUDAS

FATHER

DISCIPLES

WASH FEET

YESHUA

CUP

Yeshua before PILATE

Read Matthew 27, Mark 15, Luke 23, and John 18-19.
Find and circle the words below.

```
S G T T R N D J X B J H C F R
Z A A A E B T G W A Y T A N O
G X N L A T G A V R G B V E M
I O D H I C A W Q A J P L P A
K I V O E L H T V B F I W A N
P U M E O D E M T B D L M S T
J I J G R I R E R A H A Q S P
J Q B U Z N U I M S Q T U O S
D D J B M V O T N B L E D V C
I S I L E N T R M C O N R E K
G P R I S O N E R K X O Z R T
T G P P H D F F K I U K Q E O
M U L Y Y Z L A U N Y R C W Y
T M C R O W D M P G G Q N A I
H K J U D G M E N T H A L L E
```

PILATE
PASSOVER
SILENT
GOVERNOR
CROWD
ROMAN
PRISONER
KING
JUDGMENT HALL
GALILEE
SANHEDRIN
BARABBAS

Death on the STAKE

Read Matthew 27. Find and circle the words below.

```
U I B U K P V N A D K W G M E
U B U L Q S A D O G I C O G P
A C X N O O U V E B N R L B A
G U C U U O T X L H G O G S S
R B A K A O D Y V Y O W O D S
M P K B C B B X Q W F N T U O
E T G H Y B B H R A I O H S V
S P R A C C G V J T S F A H E
S U A E L E F H Z E R T P K R
I S O L D I E R S R A H A U Q
A S P E A R U L X A E O F J R
H M O X D M D G P G L R X I S
R Y N S J X J B N Q X N D A I
X S I X T H H O U R K S V H O
H S I M O N K P I E R C E N M
```

PASSOVER

BLOOD

SIXTH HOUR

KING OF ISRAEL

GOLGOTHA

SOLDIERS

SIMON

PIERCE

MESSIAH

CROWN OF THORNS

SPEAR

WATER

The RESURRECTION

Read Matthew 28, Mark 16, Luke 24, John 20, and Acts 1.
Find and circle the words below.

```
S X A C A D H G U T D P F G X
Y T I N K D I A N N H L S U U
V Z O F G W W L W M R T X A D
V G L N V E W I L E F Q Y R I
V J J C E S L L B O H L R D S
B Q E L X B L E H I E B W S C
C Q F V I A I E M R I L E O I
G Q D G S O D R Y H S A W Z P
Z C E Z A E H H M A R Y Y O L
E D G R D R A M Q J I Y E N E
L Y F U Q K D L J B S C S W S
O Y S I V F M E Y E E A H P A
Q W G T O M B Z N Q N S U N U
F I R S T F R U I T S N A X S
E A P P O I N T E D T I M E X
```

YESHUA

HE IS RISEN

GUARDS

FIRST FRUITS

STONE

TOMB

GARDEN

GALILEE

MARY

DISCIPLES

ANGEL

APPOINTED TIME

Road to EMMAUS

Read Luke 24 and Mark 16. Find and circle the words below.

```
S T R A N G E R W U F P M F K
C C W Z B F R A N S T X O C M
B W R D O M E K F W H L S B G
H A P I I Z C D P J A I E C B
F E D K P S S P K X N W S T R
Q H O S A T A V A J K R S H O
E M M A U S U P I F S E M W A
E H D P Z M K R P S J B L R D
Q C L E O P A S E E I O M S F
Y H S T N O W W P S A O M U P
L S J J N U R J O X X R N A F
P R O P H E T F M Y Y G E N B
Z G T P Y J B L H Z D U F D O
S H R O M I L S E V E N I C G
O Y S U P P E R A C O M V R F
```

ROAD

SEVEN

PROPHET

THANKS

VISION

STRANGER

SUPPER

SCRIPTURES

EMMAUS

DISAPPEARED

CLEOPAS

MOSES

The ASCENSION

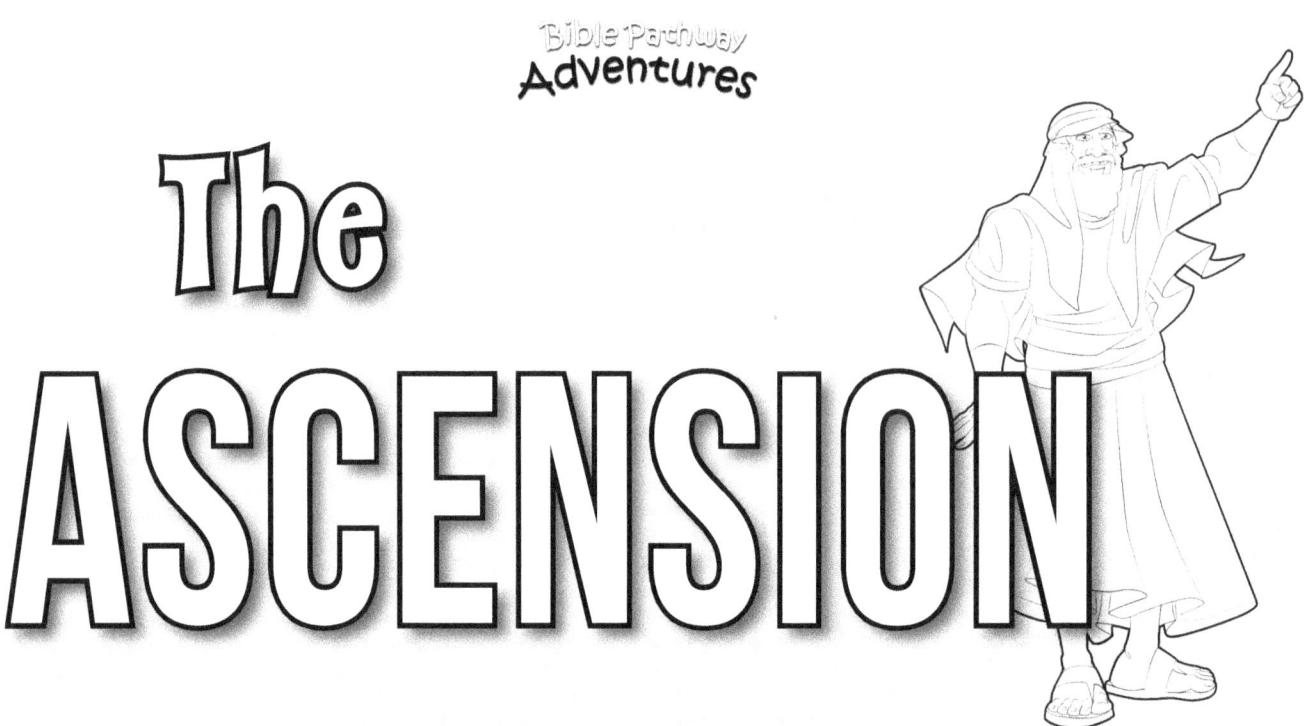

**Read Matthew 28, Mark 16, John 21 and Acts 1.
Find and circle the words below.**

```
U D L V X K L G I W H I T E E
W X I D K R C I W K G R F W F
J H Y S C V V P C V S D F C H
E I E N C A P P E A R K O C O
R Y G A U I K V Y H F H R S L
U T P A V Y P H P V O C T G Y
S I S T K E B L P J Z L Y W S
A D C M Y F N D E C V O D D P
L A G V O O O N Q S M U A W I
E R D J D M N I K P R D Y M R
M D Q S R N Q I E M J L S M I
F L A N D O F J U D E A W T T
O M E S S I A H N Q J L U V N
M O U N T O F O L I V E S J N
S A M A R I A Y C J V X W Z Z
```

HOLY SPIRIT
MOUNT OF OLIVES
SAMARIA
MESSIAH
FORTY DAYS
HEAVEN
WHITE
JERUSALEM
DISCIPLES
CLOUD
LAND OF JUDEA
APPEAR

Philip and the ETHIOPIAN

Read Acts 8. Find and circle the words below.

```
C N W R D T C Y Q J L B U J L
H W O R S H I P L D A G Y Y F
A S P I R I T Y R U N R N F S
R Z V I T L A P N E G X G I C
I C O P C E G H K W E W U S R
O X T T G F K E C K L K H A I
T U U R U Y J G C E H X E I P
K L U D H S U A K R U N S A T
I V Z A V U B Z V W G N S H U
C S F U K I O A Z M Y Q X V R
G J D B H E T H I O P I A N E
B J A V K H I Y P H F A K O S
J S M T W L R V P H I L I P O
O F F I C I A L O G Q K R T C
G F N N C A N D A C E H E Y X
```

ETHIOPIAN
AZOTUS
PHILIP
SPIRIT
ISAIAH
OFFICIAL
GAZA
ANGEL
WORSHIP
SCRIPTURES
CANDACE
CHARIOT

Death of STEPHEN

Read Acts 6:1-8:3. Find and circle the words below.

```
C A X Y N P Z X Y T M S T E S
G O D T D O Q C X E Z O A A T
P P A Z H L O B M U O N L W E
K T O T R I O K Q Z Y O D I P
Y S Q U S S G Q F Q Y F Z T H
T E N A L L T H L G I M L N E
H C A M X X A O P P U A B E N
C I T Y W A L L N R Y N N S U
A K D P D Q Q E P E I Q Z S G
J P F Z X E V C M H K E E E S
Y Y X J E Z G F S F J N S S A
D N A N G E L S Z N Y O Y T U
H O L Y S P I R I T R I Q W L
A C L Q H J E R U S A L E M B
I T I K E L D E R S Z A C O N
```

HOLY SPIRIT
ELDERS
ANGELS
STEPHEN
STONE
CITY WALL
COATS
SAUL
SON OF MAN
WITNESSES
JERUSALEM
HIGH PRIEST

Road to DAMASCUS

Read Acts 9. Find and circle the words below.

```
L X M G H M D I T T Q C L N E
D I H R T I Y I R B K A S E Y
S A G X P P G C C L Q G W M S
P W M H B V I H X A F Z K E L
E D O A T O C N P N T T J S I
R J D P S P B C Q R Y H G S H
S U Q F Y C A N G K I R P I E
E Q Q P L R U V O I C E N A A
C Y Q X N E X S J U Y E S H V
U P N Z W N T V L N K D Z T E
T L X D J F F T D H M A Y T N
E D W T G N N F E Z X Y J U C
B L I N D W W H X R D S P A Y
S Y N A G O G U E U S I S K O
N K D E P A U T H O R I T Y X
```

HIGH PRIEST
LETTERS
SYNAGOGUE
PERSECUTE
AUTHORITY
MESSIAH
VOICE
HEAVEN
BLIND
DAMASCUS
THREE DAYS
LIGHT

Paul in CORINTH

Read Acts 18. Find and circle the words below.

```
C O R I N T H N K A Z L X T C
R P Q C A T R G T F V C J R R
P C S G O A U K O S Q K I I I
A P G I Z R M P R W U P A B C
U Y R I L R I G A E W K H U S
L I A I L A N N H V M P H N Y
P F H T S O S K T T K V C A N
Y K T Z B C W P E H R X I L A
G A J G D P I C M N I E S P G
A Q U I L A G L Q B R A H S O
I N Q A Z Y F L L W O A N Z G
S F X K V U X Z U A U P R S U
B F D H J H T I M O T H Y X E
J S A B B A T H V X D Y C F M
C Q K E Y D B E L I E V E E Z
```

TIMOTHY

PAUL

PRISCILLA

SILAS

BELIEVE

SYNAGOGUE

CORINTHIANS

TORAH

TRIBUNAL

SABBATH

CORINTH

AQUILA

Paul in EPHESUS

Read Acts 19. Find and circle the words below.

```
I Z K H O Q E Z H O C Q C H S
J R U R A G N I N I J D W A Y
A Z E M R R F R L Q I A T N N
M P X P E S T S Z I G S H D A
I I R Y E J D E J U G I E K G
K E R O R N S L M A A L A E O
X D W A N S T G X I T V T R G
J M R F C S H A A A S E E C U
K H L P T L G R N P I R R H E
V Y P T C X E I C C K S H I U
B Q X T W T Z O R Q E M W E Z
H E V W H J D T C S P I T F P
D I S C I P L E S K J T S S H
T T D E M E T R I U S H I V X
G C W J U C O N F U S I O N O
```

CONFUSION

SILVERSMITH

THEATER

MIRACLE

SYNAGOGUE

RIOT

ARTEMIS

REPENTANCE

APRONS

HANDKERCHIEFS

DISCIPLES

DEMETRIUS

PRISCILLA & AQUILA

Read Romans 16, 1 Corinthians 16, Acts 18, and 2 Timothy 4.
Find and circle the words below.

```
T K A N Q Q G Y A M R Z K H S
E X N Q O X M C W N Q M X D C
N A G Y U I U N C W V S C U R
T Q P A H I T W X R T U L N I
M B B O R K L A E K P Q A K P
A B Y P L V T A L Q T Z U G T
K H Q P R L E F Q Y V E D O U
E K T U C I O J Q D A P I O R
R V X A V P S S T G Z H U D E
S W K L Y L B C U A P E S N S
S A B B A T H Q I M Y S U E U
G V Q M V V U I V L J U J W L
Z H V X E Z M M R G L S N S Z
Y D I S C I P L E S R A K U K
L P W F Z P A U L S C Z T W K
```

CLAUDIUS

PRISCILLA

TENTMAKERS

APOLLOS

ITALY

EPHESUS

SCRIPTURES

SABBATH

GOOD NEWS

DISCIPLES

PAUL

AQUILA

Paul before KING AGRIPPA

Read Acts 25-26 and Philippians 3:5.
Find and circle the words below.

```
S E W Q C S F L I J H M V I I
C C L F F P F D N D S E R C O
A H R L E V O J Z T C S C A J
P P I I P L H K P K F S X E I
R B K E P B I B Q U W I Y S B
I L N X F T E X L Y I A X A M
S P P N L P U R H G M H N R Y
O K C D F R R R N R H U H V C
N R Y M H B P I E I I K Y B H
E T E T B X G P E S C H G P A
R L R P B K G A P S V E F E I
I I O V E Z V U B T T Q E C N
Z P B G C N J L U J W S Y H S
A W E N Q X T A M R O M E N M
Y L G J R C A E S A R E A O G
```

CAESAREA

CAESAR

ROME

CHIEF PRIESTS

SCRIPTURES

MESSIAH

BERNICE

CHAINS

PRISONER

REPENT

PAUL

FELIX

Paul's SHIPWRECK

Read Acts 25:23-27 and 27:1-28:10.
Find and circle the words below.

```
T J L X Z E V J X L P B F C Y
R H A Y T B N U Q F H T A A O
H K R X L I M L N T O Z I E M
W J Q E H A B I K U E S R S K
N V B K E Y A U J K N X H A I
G O S H C M E S O L I N A R P
T S M M U Y O Q C I X Q V Y P
S T H A B H M N R G Y S E C U
E O L L U J A K T N M I N J R
H R I T A E B C J H O R Y Z D
M M F A C N R M I V S D B J B
S H I P W R E C K U Y X O Y B
R V R I S Q P U B L I U S B G
I I E G R O X V I P E R K U T
N D A M F K F Q X O A L A H H
```

STORM
CAESAR
PHOENIX
SHIPWRECK
VIPER
FIRE
JULIUS
MALTA
YOM KIPPUR
FAIRHAVEN
PUBLIUS
THREE MONTHS

Life of PETER

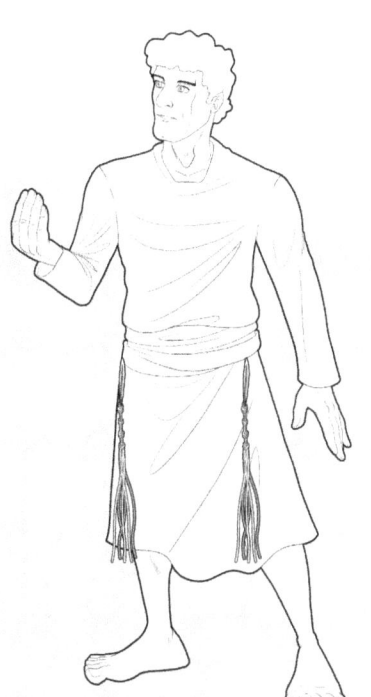

Read Matthew 8:14-17, 17:1-13, John 1, 13:1-36, 18, 21, Acts 1, 5, 9, and 12. Find and circle the words below.

```
D J A W A Q E G H W T K J D L
Q X V O I P P N Q W A I A E N
P R I S O N O I G M L N U N Z
F G T F C Z A S C O X G T Y F
C N P Q Z A Z A T B A H A M I
P C B T P P P N E L N E Y O S
F J U E T M Z E A F E R H U H
D I S C I P L E R K W O S N E
Q G F P X Y L G Y N T D G T R
G M N A S C B N P W A N U A M
I R B R O C K P B W H U D I A
G R X Z Q G V I S I O N M N N
R D H Y Q L X P Q L Y J K M D
T R A N S F I G U R A T I O N
D T A B I T H A Y U F J P E V
```

APOSTLE
TABITHA
ROCK
VISION
FISHERMAN
KING HEROD
DENY
PRISON
MOUNTAIN
CAPERNAUM
TRANSFIGURATION
DISCIPLE

Peter's prison ESCAPE

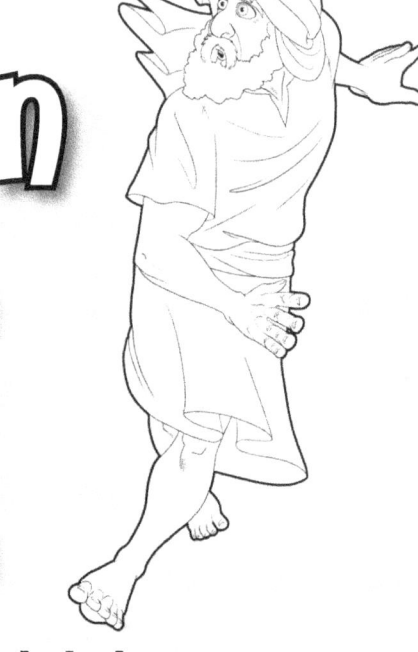

Read Acts 12. Find and circle the words below.

```
D L I Q F S Z X K F K B J L C
S Y R C D M C X Q D I P Q J O
O A O D L G S K V C N C P E V
L D N N W O X C X Q G G P R T
D S G G D S A E L H H N M U M
I C A F E M W K K T E C B S A
E T T J A L Z P T P R V D A R
R Z E F Y M P R I S O N I L Y
S H D L H A O C B F D S S E S
G U Q Q F S P W G R F D C M N
M B C T G V X G N A K J I R A
D E Z W O X C N H J H U P A G
Y L A N D O F J U D E A L X X
M R Y V C H A I N S P F E W L
U N L E A V E N E D B R E A D
```

DISCIPLE
IRON GATE
CLOAK
SOLDIERS
KING HEROD
PRISON
CHAINS
UNLEAVENED BREAD
JERUSALEM
MARY
ANGEL
LAND OF JUDEA

Fruit of the SPIRIT

Read Galatians 5:1-25. Find and circle the words below.

```
F S L P G C T T L V V R X O I
K E F R E D B G O G B I C S S
I L K A B A T L V D X G V H O
N F G H I O C A E J V H Q O U
D C O E W T O E Q T Q T Q L N
N O S P N A H P R K U E U Y D
E N Y S B T H F U I Q O Z S J
S T L I Z Y L S U D G U E P U
S R I S I W A E V L Q S F I D
I O X P E Z B W N D N N X R G
Q L L K K L A E I E G E Z I M
N J X Q A M V S D K S S S T E
K V N W D T C P R Y R S G S N
P Z F G P A T I E N C E U G T
G O O D N E S S J O Y J B M A
```

LOVE

JOY

PATIENCE

FAITHFULNESS

SOUND JUDGMENT

HOLY SPIRIT

GENTLENESS

RIGHTEOUSNESS

KINDNESS

SELF CONTROL

PEACE

GOODNESS

PETER & CORNELIUS

Read Acts 10. Find and circle the words below.

```
O T G P P I D J F E Z C M Q I
P A H Z E R F S R O S E L I S
N P U O G T A L P G G N H L R
T Y W N L T E Y H W V T H M A
L F L V C Y S R E M T U C L E
A L D Z L L S J O R A R R D L
T H F I F O E P O G Z I M J I
F O S H E E T A I G R O W O T
A Y D W P K J C N R F N L Y E
N H O R T H J D Z B I A H H S
N E Y P P D G L D E V T U A J
D I S C I P L E R Y Y I T L H
Z J L F T I N Z C L E A N D J
T L D R E A M R O M A N I I W
O Y L H M V C A E S A R E A A
```

CAESAREA

SHEET

PETER

PRAYER

HOLY SPIRIT

CENTURION

ROMAN

ISRAELITES

DREAM

UNCLEAN

CLEAN

DISCIPLE

Peter the HEALER

Read Acts 3. Find and circle the words below.

```
W L O E Q U I B R B M T S R K
Z B P A R J G K N E W E C W D
T L P M M U O D D A W M F U I
A F A T J A P H Y U F P O C S
W M J M C N Z Q N T X L H I C
O O R U E A E E R I V E M G I
S Q K A I N W O D F R D H R P
W C B A H B C C S U A P Q Z L
J D S T A N D U P L J R J C E
P R A I S E G O D G W A M K S
X Q R P R H Q V X A L Y B K B
R E U K G L J T O T Z U S E W
B E G O P A I D M E M X X C A
Y P Y E E W N M M O N E Y Y J
J M H E A L E D E C N F R R E
```

BEG

PRAISE GOD

HEALED

TEMPLE

PRAY

BEAUTIFUL GATE

STAND UP

AMAZED

JOHN

MONEY

DISCIPLES

LAME

Animals of the BIBLE

Find and circle the words below.

```
Z T H Q F Q P D U L S L E P J
P J D B U K L F J I A E I C H
Q X O O D A A S A O R V U F G
Z K G V N V I A Y N Q I X S R
F H L L Z K X L Y E K A F N A
L V V B J P E C F Q D T B A S
Z T U A Y S Y Y H E G H M K S
Q Z H I L K T G J I S A N E H
P L V P Y Q Z F A R M N K H O
K P A I Y M W T P K W O L F P
I U W M K N U W R H V X C R P
R A M J B S I H E I F E R G E
F R O G U I Y U K L K G C M R
J H W P F H O R S E R J R Z O
D G Q K T A E H Y U F L X G A
```

LION

SNAKE

GRASSHOPPER

RAM

HEIFER

FROG

WOLF

LAMB

HORSE

DONKEY

QUAIL

LEVIATHAN

Day of TRUMPETS

**Read Leviticus 23, Numbers 29, and Nehemiah 8.
Find and circle the words below.**

```
D K O I C O S Y A Q L S K Q G
Y R P K H H M L Q J Y E S G S
B O G T L W O Y H E B V H I A
V U M F Y Q J A M S T E O N B
P P R T H W K H A K H N F S B
I Z C N E I B W I W N T A T A
L O C V T R V E K L N H R R T
O A X X Q E U H L V K T A U H
Z T M Y I N D A I K O Z L C O
C D X B S S W X H B J P H T Y
B X I G S V P G P F A J H O Z
O F F E R I N G C D H N O I O
D A Y O F B L O W I N G L N N
W L O S G C Z Z Z Z W N Y S H
L T N C O N V O C A T I O N A
```

HOLY

CONVOCATION

LAMBS

YOM TERU'AH

SABBATH

BURNT

DAY OF BLOWING

YAHWEH

SEVENTH

INSTRUCTOINS

SHOFAR

OFFERING

Feast of TABERNACLES

Read Leviticus 23, Numbers 29, Deuteronomy 16, Zechariah 14, and 1 Kings 8. Find and circle the words below.

```
T L Y G P R Y Q T R W X Z S I
O A X U N N E N C J E H W E B
F M B G W Y S H F F D M A V X
F B S E P J H T A M D U T E W
E R H U R X U C B R I M E N J
R V A R K N A B H F N P R D Y
I Y R M O K A C U X G Y A A A
N J V L U N A C G Q F M K Y H
G Q E V R X V H L F E S M S W
F A S W W P F J H E A T B F E
Z R T L W X Z C C A S O Y L H
N T O K V I R I L D T V J N D
X J J S P I L G R I M A G E G
F F E L L O W S H I P P K V H
G O U F M E M S U K K O T L W
```

WATER
PILGRIMAGE
HARVEST
SUKKAH
YAHWEH
SUKKOT
FELLOWSHIP
TABERNACLES
WEDDING FEAST
OFFERING
YESHUA
SEVEN DAYS

Book of REVELATION

Read Revelation 1-12. Find and circle the words below.

```
M V S V W B U R Q M T I Q L E
W A U Y O L H F C C R Z Y A C
B A R W Z B Y B D T I J E M R
A R D R K X V L F D B R S P N
P T I R I W O M A N U A H S G
X C M D A A B G A S L J U T M
A N N E E G G R N I A C A A B
I N N K H G O E X J T M B N R
L H G I G C R N Y L I O K D I
Y D B E R R Q O C J O C C S D
I A X W L Z H F O N N Z R N E
R R F T W Y W A J M E T F W D
C H U R C H E S Z I P U N N G
O N X L W F T H Y A T I R A W
J A C O B S T R O U B L E S E
```

DRAGON
YESHUA
WOMAN
THYATIRA
MARRIAGE
TRIBULATION
BRIDE
LAMPSTANDS
CHURCHES
BRIDEGROOM
ANGEL
JACOB'S TROUBLES

The TEMPLE

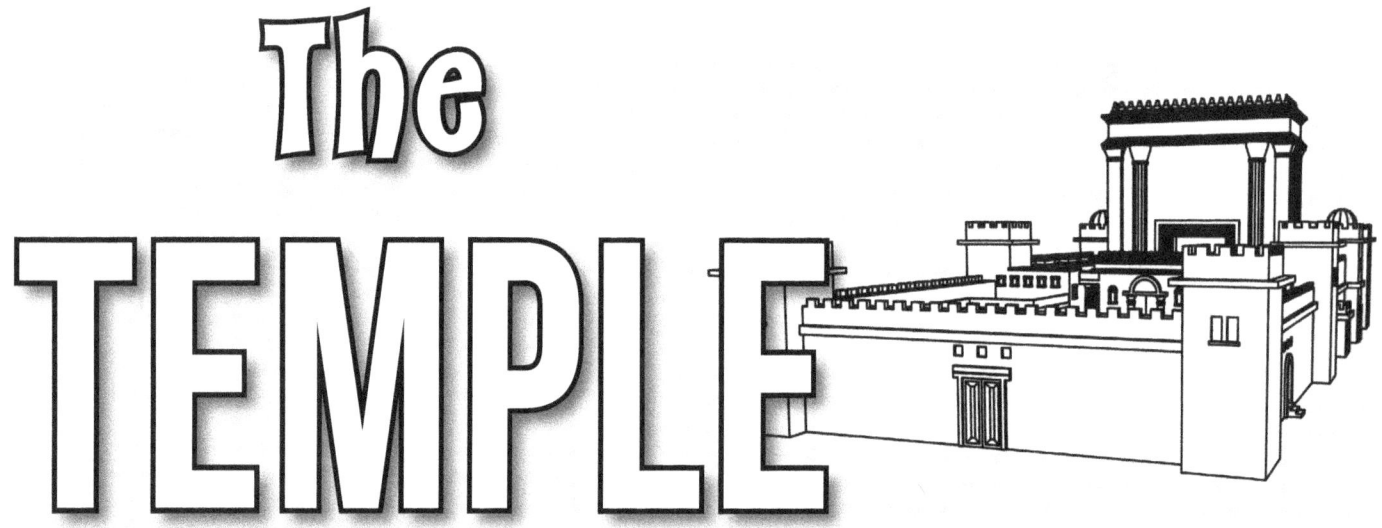

Read Leviticus 16, Ezra 1, 1 Chronicles 28, 1 Kings 6, John 2-3, Matthew 21 and Acts 3. Find and circle the words below.

```
U U E Y H A F U T C L H D R S
E L V E X B Q A A W D I K Y O
L Z E A H Q B A R V E G N Z L
W L M V V J E E K O L H C I O
I N A J I Q U C Z C E P B S M
V O G D L T Z L L E S R P R O
S N X V V H E K U B N I I A N
H J C X G E L S F W D E G E S
I C D Q V M I X E W C S E L P
I A I X E Y V L Y J J T O I O
R S A N C T U A R Y F A N T R
P A S S O V E R L A M B S E C
N N J E R U S A L E M D Z S H
Q D H O L Y O F H O L I E S P
N E H E M I A H K V Y B T Q Y
```

VEIL

ISRAELITES

JERUSALEM

LEVITES

ARK

PIGEONS

SANCTUARY

HOLY OF HOLIES

NEHEMIAH

PASSOVER LAMB

HIGH PRIEST

SOLOMON'S PORCH

Answer Key

Joseph in Egypt

The silver cup

Baby Moses

The burning bush

Ten plagues of Egypt

Feast of Unleavened Bread

Red Sea crossing

The ten commandments

The Appointed Times

The tabernacle

Ark of the covenant

Twelve spies in Canaan

Balaam's donkey

The promised land

Rahab and the spies

Battle of Jericho

Gideon's army

Samson in the temple

Ruth & Naomi

```
B N M O A B I T E V X W R R G
C W H B E T H L E H E M A U B
Q G U V F L H K X T E W T T U
F B D Q D B O I E O L S H U I
H T F S S L T X S Q V O W F L
O F P L W I N Q E X E Y F E K
A G E U M I B T P J M A V P C
M O T H E R I N L A W L W C V
W F F X K M A Q R V B I G B R
J I G I W R P H M L D B N O D
Q E D H O P U F Z U M Y U A U
F S H O Y D C M D V X V Z Z B
U L V K W N A O M I E T S C O
J O U R N E Y G F A M I N E M
L B A R L E Y H A R V E S T O
```

God calls Samuel

```
E P H R U E S E R V A N T S T
B R L G L O S I J Z Z E B Z E
H O H B S Y P I N F Q U L B M
E P A O U A O L A O S B A S P
F H S Q U W T I Y P H W S H L
D E I U G S H E A A G L P I E
F T Z F E J E D Y X C O H L K
B Y A H W E H O B F B X E O J
Q Q M O R H D W F P Z I M H L
J K O R U R Y N R E L P Y E G
Z P U N I S H M Q M L G Y D C
E F O S A M U E L S S I H E A
U Z E S U M T X R F O L O X L
D P Q B Q H V L G H H F A R L
E Y E S I G H T K R I J L R I
```

Saul anointed king

```
C K L I A H F V S A M U E L R
H F O B O P I T G K I N G Z S
O R L B J M H D J F A U I L P
S R H A E F D Q D Y G B K P I
E N G I S N S R K E F K H E R
N Q Q Z P K J I B A N I V X I
V E X G X B O A F O U S T A T
L C M X H O Q F M E I H Y C O
B O Z O S B A L O I H C G X F
X J K G E X M R P I N G I T G
L F J P K P P X Q O L V B J O
T R I B E S O F I S R A E L D
V Q C Z R J K E P B Z K A T Z
H R V Q D O N K E Y S G H B A
Y B A G G A G E H R K X U E P
```

Woman at Endor

```
J B B Y Z J W D C J M E R N M
M I Z P A H C E E U L A P X W
T Q T L W Q T U P D D U R O K
K P F I I T U T A G W S O V N
Y P G Z G I M E F E V K P W O
S R W N G J C R O W S D H R N
X O W N H S L O R P S Z E Q J
C D L L V A N B P H M T V N L
O J E D Z Z A O I V E J B Z M
H L L K I J L M H D K O Q E J W
L J M Y W E R Y D W L T C T S
S A M U E L R T E Z H L F O A
T B A T T L E S N K Z T O F U
L V U P H I L I S T I N E S L
M E N D O R K R D N B T A E E
```

David & Goliath

```
G D K D I B J F M A O O N T R
O T J A H W E R H P C B Y A T
L J I V W V E J S H T D B F E
I K A I E R Z Q G I L I L I L
A G R D G G X F P L C S A V A
T A R G B Z T W O I K R X E H
H T D K A I X M Q S A A X S X
J O P P I R H X Y T R E I T A
V G P W Q N K S D I M L R O L
D T I S O O G G Z N O I N N L
O S Z A K U G S X E R T T E E
C Y Q Z N M B M A S P E Z S Y
O A Z L A T O Q Z U Q S Y Y Q
Z A R M Y L O W G C L G V M Q
S L I N G P S H E P H E R D Y
```

David & Jonathan

```
P P C C O X X L M Q T J J S T
T A H J J I J C P O S M F R E
S Q L S X O Y O K Q L Y U V Y
S L Q A P P H V N K W W D R P
Q P A E C P C E M O W A S K H
F D E N N E C N I C B R N I I
K R S A S P I A I J G N G N L
S N I E R P J N O L P I M G I
E M M E B T H T P J J N F S S
R R O M N Q I X I C W G E A T
V Q A C M D X V T N B Z H U I
A N E N R A M A H P T I J L N
N C B R E U B A N Q U E T P E
T X U U E L Y A X C D A H G S
B D A V I D J O N A T H A N X
```

Elijah and the prophets of Baal

```
I U C F E L Q H V R D H M Q F
K F N Z T I Z X X A G O X I I
L I A S F A V C C W Z I U D R
X W S L R I F J K P C D N P E
Y R B H S A Y Z F B A D T V A
H E N N O E E Z I B J S C R S
E P T Q I N P L B B M A A E D
E L I J A H V R I S N I R Z H
M F Z L X P S A O T H S M S E
U D V S W M G C L P E B E J A
R O B A D I A H C L H S L J V
E P P N W E J Y P J E E F R E
O T B D R J C W Q T R Y T X N
J E Z K I P C S T O N E S S J
T A L T A R U K R B T O U O I
```

Naboth's vineyard

```
S T O N E S T J O Q F A M S Q
R S B N K K N L U G Z M R A F
L J I T W L J H C E N Q Z M D
V D E I C S E I W T C V S A T
X I J Z U K Z N A W L F A R N
W U N P R Q E R E B E L C I A
C T K E T E B K M M U I K A B
J P P M Y E E Y S D Y A C P O
B C N D I A L L V M V Q L F T
H M A M S Z R I I X V Q O P H
D O N D R E E D T T D C T G M
T E V H W Y A F J D E N H H X
G Z G V F Z U L E T T E R S I
U E D Y K I N G A H A B I C G
N E L I J A H S I U Q L H J
```

Elisha & Naaman

```
L H R O D B C L W Q E J A T M
N A D F B H S N O Z B O H F H
Z B N H H L Y J A J C R N S N
E Y H D N D H U J A L D S E D
O L Q A O X R A O I O A H R S
D L I V K F C O M E T N N A E
Z S E S I W I G I D H R A A R
Z A O T H A R S N B I I A N V
Q I O T T A H H R R N V M T A
G N D H I E D N I A G E A C T
E G K H A I R J Q N E R N X I
C H A R I O T S F L R L M Z M
X O E O T P L E P R O S Y D E
A P M I I J E J X C V C U N S
C L C L E A N M G E H A Z I T
```

Solomon's wisdom
Solomon builds the temple
Queen of Sheba
The prophet Isaiah
Josiah and the Torah
The fiery furnace
Daniel and the lions
The story of Job
The chosen bride

Jonah and the big fish

Rebuilding of Jerusalem

Birth of John the Baptist

An angel visits Mary

Birth of the Messiah

Visit of the Magi

King Herod

Escape to Egypt

Presentation in the temple

Bible Pathway Adventures

The twelve disciples

Wedding feast at Cana

Tempted in the wilderness

Sermon on the mount

Calming the storm

Feeding the 5000

Jairus' daughter

Zacchaeus the tax collector

Parable of the wise & foolish virgins

Parable of the talents

Parable of the good Samaritan

Parable of the prodigal son

Parable of the sower

The centurion's servant

Death of John the Baptist

The transfiguration

Mary & Martha

Lazarus and the rich man

Woman at the well

```
G N J V Q T N H C C P K O B T
T H S A O K U R U R U Z O Y R
L C O B D Y G J D S O P B N U
L V G L E Q F X I P B S Z M T
B W T P Y X I R X P N A D B H
V D W H D S Y C H A R M N J O
I E X U I I P M O T W A K D Y
X N Z H S R S I U B O R Y M U
Y M U G K S S C R C I T Y D
Z N V S B V K T I H A N X R
(W O M A N) Y A C Y P T J W D I
(J A C O B) Y H N J S L G E O N
S S G S I I I Z D Z A E E W K
K (Y E S H U A) M V N M O S Q U
V L O V I I G Z J (W E L L) V M
```

Triumphal entry

```
G Z D G P S L V W F S H P U Y
S S U O C A E W T L B E R D J
P Q Y V N R Z Y L S (Z I O N) E
H G S Y B K L K K O Y R P L R
P B O F L K E C W O B U H N U
N B H A J B X Y P G Y R E H S
(Y E S H U A) X Q D U P H T O A
P (M O U N T O F O L I V E S) L
C C D T W L U V H G G O Z A E
U R R Z (B R A N C H E S) W N M
G Y O L G I Y V R P M D M N N
T J B W X A O Y U H X F H A N
(K I N G D O M) B B J K W U V D
Q T Z J C (B E T H P A G E) L
(C L O T H E S) H J U E I W Z S
```

Cleansing of the temple

```
H Y F Q U D A J W L L U V S U
H O A Z I I R B Y W H H T H N
O W U H S P I A H U P T D E L
Q O V S W W I U W U G L E E E
K O X E E E O G J X A T N P A
Z Z I E G O H R E X H J O A V
C H B R N D F F S O O A F N E
S N K Q Y O I P X P H N X R C
F E E O J Z E K R G I S O B E
L G F K K N N E W A A P B H D
T J G M W A D T F U Y V B P B
(J E R U S A L E M) B Z E E Z R
K Z X R E (T A B L E S) W R G E
(M O N E Y C H A N G E R S) H A
(T E M P L E C O U R T S) A A D
```

Judas betrays the Messiah

```
D L (D I S C I P L E) K Y F P M
Q O W K (T R U P T) M E T J I O
Z N P Q E Q O R E U D V W E N
H A N C M J T I M O N E Q C E
R A L Y P M S E P W R N N E Y
U C T J L F K S L M X A N E S
(M F R N E F J T E M R T J O A
L E J U D A S) S G J C P W F G
E L S M B N X E U C H D U S B
H Q Y S E P H P A C S I E I E
U U M V I W H Q R (K I S S) L T
A A G I E A Z W D E F L Z V R
K Q H Q K N H R S R K B W E A
(J E R U S A L E M) Y Z U I R Y
(G E T H S E M A N E) P A G Y A
```

The last supper

```
Z B C T Q D Y Z G D O B U C K
L H C I F E O E A W N O X U O
Q J Y A E A R H S I T D S P R
(J U D A S) W T A A H M Y Z O C
J K O W S I S H S W U T Z R O
(B L O O D) L M R E E N A Y J M
K H F Y S V R S M R O M Q T M
S E M N M Y L S K I K J E G A
Z (C O V E N A N T) A N N U K N
M W S Q P G W K N X A F W W D
E B D G D Q D H N J L P V P M
(U P P E R R O O M) Y V O Z I E
(B R E A D) F M F G W F Y E N N
V G M M (D I S C I P L E S) P T
C G L (W A S H F E E T) S G K D
```

Yeshua before Pilate

```
(S G T T R N D J X B J H C F R
Z A A A E B T G W A Y T A N O
G X N L A T G A V R G B V E M
I O D H I C A W Q A J P L P A
K I V O E L H T V B F I W A N
P U M E O D E M T B D L M S T
J I J G R I R E R A H A Q S O
J Q B U Z N I M S Q T U O S
D D J B M V O T N B L E D V C
I (S I L E N T) R M C O N R E K
G (P R I S O N E R) K X O Z R T
T G P P H D F F K I U K Q E O
M U L Y Y Z L A U N Y R C W Y
T M (C R O W D) M P G G Q N A I
H K (J U D G M E N T H A L L) E
```

Death on the stake

```
U I B U K P V N A D K W G M E
U B U L Q S A D O G I C O G P
A C X N O O U V E B N R L B A
G U C U U O T X L H G O G S S
R B A K A O D Y V Y O W O D S
M P K B C B B X Q W F N T U O
E T G H Y B B H R A I O H S V
S P R A C C G V J T S F A H E
S U A E L E F H Z E R T P K R
I (S O L D I E R S) R A H A U Q
A (S P E A R) U L X A E O F J R
H M O X D M D G P G L R X I S
R Y N S J X J B N Q X N D A I
X (S I X T H H O U R) K S V H O
H (S I M O N) K (P I E R C E) N M
```

The resurrection

```
S X A C A D H G U T D P F G X
Y T I N K D I A N N H L S U U
V Z O F G W W L W M R T X A D
V G L N V E W I L E F Q Y R I
V J J C E S L L B O H L R D S
B Q E L X B L E H I E B W S C
C Q F V I A I E M R I L E O I
G Q D G S O D R Y H S A W Z P
Z C E Z A E H H (M A R Y) Y O L
E D G R D R A M Q J I Y E N E
L Y F U Q K D L J B S C S W S
O Y S I V F M E Y E E A H P A
Q W G (T O M B) Z N Q N S U N U
F (F I R S T F R U I T S) N A X S
E (A P P O I N T E D T I M E) X
```

Road to Emmaus

```
(S T R A N G E R) W U F P M F K
C C W Z B F R A N S T X O C M
B W R D O M E K F W H L S B G
H A P I I Z C D P J A I E C B
F E D K P S S P K X N W S T R
Q H O S A T A V A J K R S H O
(E M M A U S) U P I F S E M W A
E H D P Z M K R P S J B L R D
Q (C L E O P A S) E E I O M S F
Y H S T N O W P S A O M U P
L S J J N U R J O X X R N A F
(P R O P H E T) F M Y Y G E N B
Z G T P Y J B L H Z D U F D O
S H R O M I L (S E V E N) I C G
O Y (S U P P E R) A C O M V R F
```

The ascension

Road to Damascus

Priscilla & Aquila

Philip and the Ethiopian

Paul in Corinth

Paul before King Agrippa

Death of Stephen

Paul in Ephesus

Paul's shipwreck

Bible Pathway Adventures

Life of Peter
Peter's prison escape
Fruit of the Spirit
Peter & Cornelius
Peter the healer
Animals of the Bible

Day of Trumpets

```
D K O I C O S Y A Q L S K Q G
Y R P K H H M L Q J Y E S G S
B O G T L W O Y H E B V H I A
V U M F Y Q J A M S T E O N B
P P R T H W K H A K H N F S B
I Z C N E I B W I W N T A T A
L O C V T R V E K L N H R R T
O A X X Q E U H L V K T A U H
Z T M Y I N D A I K O Z L C O
C D X B S S W X K H B J P H T Y
B X I G S V P G P F A J H O Z
O F F E R I N G C D H N O I O
D A Y O F B L O W I N G L N N
W L O S G C Z Z Z W N Y S H
L T N C O N V O C A T I O N A
```

Feast of Tabernacles

```
T L Y G P R Y Q T R W X Z S I
O A X U N N E N C J E H W E B
F M B G W Y S H F F D M A V X
F B S E P J H T A M D U T E W
E R H U R X U C B R I M E N J
R V A R K N A B H F N P R D Y
I Y R M O K A C U X G Y A A A
N J V L U N A C G Q F M K Y H
G Q E V R X V H L F E S M S J
F A S W W P F J H E A T B F E
Z R T L W X Z C C A S O Y L H
N T O K V I R I L D T V J N D
X J J S P I L G R I M A G E J
F E L L O W S H I P P K V H
G O U F M E M S U K K O T L W
```

Book of Revelation

```
M V S W B U R Q M T I Q L E
W A U Y O L H F C C R Z Y A C
B A R W Z B Y B D T I J E M R
A R D R K X V L F D B R S P N
P T I R I W O M A N U A H S G
X C M D A A B G A S L J U T M
A N N E E G G R N I A C A A B
I N N K H G O E X J T M B N R
L H G I G C R N Y L I O K D I
Y D B E R R Q O C J O C C S D
I A X W L Z H F O N N Z R N E
R R F T W Y W A J M E T F W D
C H U R C H E S Z I P U N N G
O N X L W F T H Y A T I R A W
J A C O B S T R O U B L E S E
```

The temple

```
U U E Y H A F U T C L H D R S
E L V E X B Q A A W D I K Y O
L Z E A H Q B A R V E G N Z L
W L M V V J E E K O L H C I O
I N A J I Q U C Z C E P B S M
V O G D L T Z L L E S R P R O
S N X V V H E K U B N I I A N
H J C X G E L S F W D E G E S
I C D Q V M I X E W C S E L P
I A I X E Y V L Y J J T O I O
R S A N C T U A R Y F A N T R
P A S S O V E R L A M B S E C
N N J E R U S A L E M D Z S H
Q D H O L Y O F H O L I E S P
N E H E M I A H K V Y B T Q Y
```

◆ Discover more Workbooks! ◆

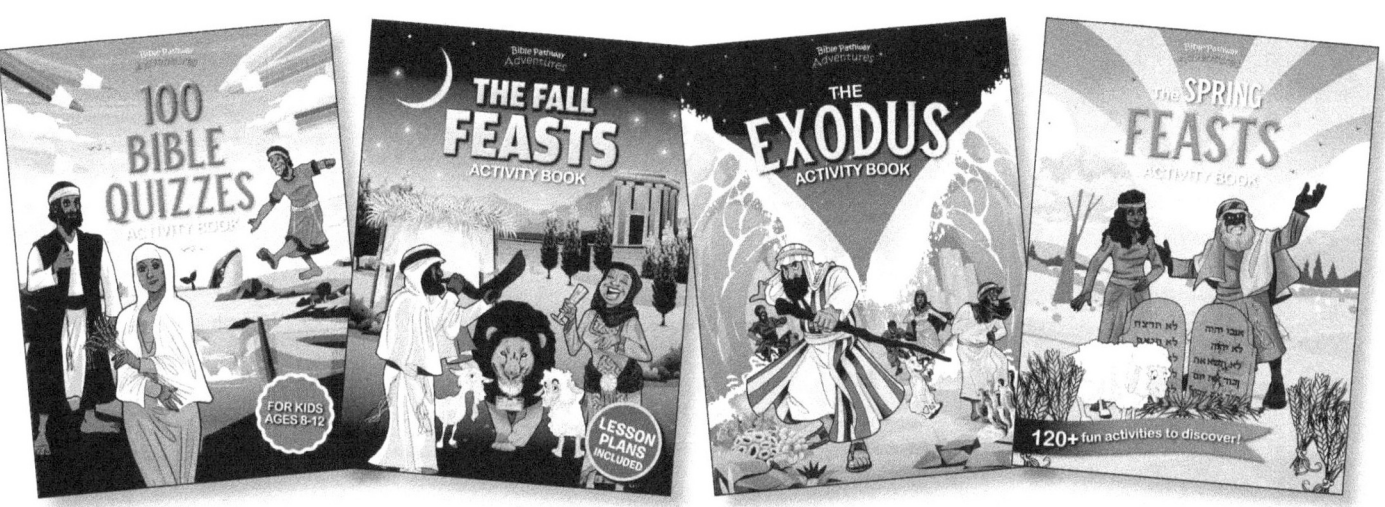

Available for purchase at www.biblepathwayadventures.com

INSTANT DOWNLOAD!

100 Bible Quizzes	Favorite Bible Stories
The Fall Feasts	Fruit of the Spirit
The Exodus	Moses and the 10 Plagues
The Spring Feasts	The Story of Joseph

www.ingramcontent.com/pod-product-compliance
Lightning Source LLC
Chambersburg PA
CBHW081430070526
44586CB00020B/2543